Günther Dichatschek

Christsein in der Moderne 3

Günther Dichatschek

Christsein in der Moderne 3

Advent und Weihnachten in Tirol

Fromm Verlag

Imprint

Any brand names and product names mentioned in this book are subject to trademark, brand or patent protection and are trademarks or registered trademarks of their respective holders. The use of brand names, product names, common names, trade names, product descriptions etc. even without a particular marking in this work is in no way to be construed to mean that such names may be regarded as unrestricted in respect of trademark and brand protection legislation and could thus be used by anyone.

Cover image: www.ingimage.com

Publisher:
Fromm Verlag
is a trademark of
Dodo Books Indian Ocean Ltd. and OmniScriptum S.R.L publishing group

120 High Road, East Finchley, London, N2 9ED, United Kingdom
Str. Armeneasca 28/1, office 1, Chisinau MD-2012, Republic of Moldova, Europe
Printed at: see last page
ISBN: 978-613-8-37954-6

Christsein in der Moderne 3

Advent und Weihnachten in Tirol

Günther Dichatschek

Inhaltsverzeichnis

Einleitung

Der Blick im Rahmen von Überlegungen zu einem Christsein in der Moderne führt jahreszeitlich zwangsläufig auch in den lokalen Bereich.

Volksfrömmigkeit, Brauchtum und kulturell - religiöse Kenntnis in Verbindung mit historischen Kenntnissen werden im Folgenden am Beispiel von Advent und Weihnachten in Tirol, einem protestantischem Diasporagebiet skizziert.

Gegliedert ist der Beitrag ausgehend von historischen Markierungen, der Advent- und Weihnachtszeit, einer gewachsenen Krippenkultur, der Entwicklung des Protestantismus und einer Ökonomisierung im Weihnachtstourismus.

Teil I Zur Geschichte Tirols

Tirols Geschichte im 20. Jahrhundert bedarf eines Rückblickes und der Besonderheiten des Landes und seiner politischen Kultur.

Sechs Faktoren bestimmen das offizielle Tiroler Eigenverständnis und Selbstbewusstsein.

Mitbestimmung mit angeblich weitgehender Beteiligung aller Bevölkerungsschichten. Angesprochen wird der Mythos der "ältesten Festlandsdemokratie" Europas. Dokumentiert wird dies durch den "Großen Freiheitsbrief" für Tirol von Kaiser Ludwig (IV.) dem Bayern im Jahr 1342.

Wehrhaftigkeit sieht im "Landlibell" von Kaiser Maximilian I. 1511 nur die Verteidigung des eigenen Landes vor. Darauf stützt sich das Tiroler Schützenwesen und die Tradition des Waffentragens.

Religiosität und die Verankerung des katholischen Glaubens. Die Treue zu Gott und dem Glauben der Vorfahren sowie der Glaubenseinheit des "Heiligen Landes" im "Herz - Jesu - Gelöbnis" auf Antrag des Abtes von Stams Prälat Sebastian Stöckl durch die Tiroler Landstände 1796 im Palais Toggenburg in Bozen zum "Herz - Jesu - Bund" sind anzuführen.

Freiheitswillen mit der Ablehnung von Fremdbestimmung und Abwehr gegen Bedrohung von außen. Erinnert an den Kampf gegen die Bayern und Franzosen 1809. Sichtbarer Ausdruck in landesfeierlichen Festakten und Traditionsumzügen.

Bodenständigkeit und Heimatverbundenheit als Mentalität und Geistesart mit der Bedeutung des Bauernstandes.

Erhaltung der politisch - verwaltungstechnischen Eigenständigkeit, die an die Auseinandersetzung zwischen der klerikal -konservativen und weitgehenden liberalen Wiener Zentralbürokratie erinnert.

In der Folge kommt es zu föderalistischen auf Eigenständigkeit ausgerichtete Tendenzen in Tirol nach 1918 und 1945.

1 Nachkriegsordnung

Die Bedingungen einer Nachkriegsordnung wurden in St. Germain von den Siegermächten diktiert. Gefördert wurden damit extremistische und revionistische Tendenzen. Ende der dreißiger Jahre zerbrach die europäische Staatenordnung. Das ehemalige Kronland Tirol wurde in Nordtirol sowie in Südtirol und dem Trentino und als neues Bundesland geographisch in Nord- und Osttirol geteilt. Dies geschah gegen den Willen der Bevölkerung bei Missachtung der von US - Präsident W. Wilson 1919 proklamierten "Selbstbestimmung der Völker".

Erbitterung lösten die Behandlung der Landsleute im südlichen Tirol aus.

Neben der Teilung des Landes führte die Italienisierung zur Politisierung der Südtirol - Frage.

Trotz einer negativen Ausgangslage bildete sich in der Folge eine stabile gesellschafts- und parteipolitische Struktur.

Einschnitte waren die Beseitigung der Demokratie 1933/1934, die NS - Herrschaft 1938 mit dem Kriegsende 1945, dem politischen Neuanfang mit demokratisch - republikanischen Verfassungsgrundsätzen, Ausbildung eines Mehrparteiensystems, Abschluss des Staatsvertrages 1955 und in der Folge das Bekenntnis zur internationalen Zusammenarbeit in Verbindung mit einer Neutralitätspolitik.

Die Trennung des südlichen Teiles erzeugten gerade in Nordtirol großen Unmut und scharfe Ablehnung. Die Tiroler Abgeordneten in der Nationalversammlung enthielten sich der Stimme bei der Abstimmung am 6. September 1919.

Eine bewegende Abschiedsrede hielt der für Südtirol und das Trentino sitzende Abgeordnete Eduard Reut - Nicolussi.

Der offizielle Anschluss Südtirols an das italienische Königreich erfolgte am 10. Oktober 1920 und steigerte die verbitterte Stimmung. Seit diesem Tag beging das offizielle Tirol den sogenannten "Landestrauertag", der erst nach 1945 aufhörte.

Die Forderung nach dem Anschluss an Deutschland 1938 wurde ebenfalls nicht erfüllt.

Mit der vom Wiener Rechtsgelehrten Hans Kelsen entwickelten Bundesverfassung 1920 wurde Österreich als Bundesstaat entwickelt.

2 Südtirol in Italien

Eine Zäsur in der Landesgeschichte steht die Teilung Tirols durch den Friedensvertrag von Saint - Germain vom 10. September 1919 und die Angliederung Südtirols an das Königreich Italien am 10. Oktober 1920. Beeinflusst wurde nachdrücklich die Identität des "Landes im Gebirge" (vgl. SCHREIBER 2008, 355-359) .

Das Faktum der Brennergrenze wurde zur politischen Aufgabe und Identitätsstiftung für Tirol. Neben materiellen Nachteilen entstand in der Italienisierung ein Unbehagen einer Zugehörigkeit zu einem fremden Staat, besonders durch die Machtergreifung des Faschismus 1922.

Die Erschießung des Marlinger Lehrers Franz Innerhofer führte zum ersten Blutzeugen in der gängigen Geschichtsdarstellung Südtirols.

In der Politik der Entnationalisierung/ Entdeutschung tat sich Ettore Tolomei besonders hervor. Schon während des Krieges wurde ein "Recht auf Austreibung" von unerwünschten Volksgruppen in Italien propagiert.

Mit der Italienisierung der Flur-, Orts- und Eigennamen entstand ein Feindbild bei den Südtirolern.

Die Merkmale des Faschismus waren in Südtirol erkennbar, Gewaltherrschaft und imperiale Züge.

Das Bozener Siegesdenkmal anstelle des 1917 begonnenen und nicht fertiggestellten Kaiserjäger - Denkmals wurde ein Monument der "Italianita" / Sieg über den Feind jenseits der Alpen, obgleich kein italienischer Soldat während des Krieges Südtiroler Boden betreten hatte.

Ansätze guter Beziehungen Italiens zur autochthonen Bevölkerung verhinderte der Faschismus. Zu verweisen ist auf die Tiroler Kulturzeitschrift "Der Brenner"/ Innsbruck und wenige interagierende Gemeindevertreter. Der Faschismus blieb in Südtirol ein Oberflächenphänomen.

Die Entnationalisierung endete zumeist nicht in nicht mehr als in einer "äußeren Italienisierung". Die Südtiroler nahmen das Regime als aufgezwungen, repressiv und fremd kaum an.

Bei Wahlen 1921, 1922 und 1924 gab es klare Absagen.

Repressives Handeln wird deutlich an den verfolgten Südtiroler Antifaschisten wie den Rechtsanwälten Josef Noldin, Eduard Reut - Nicolussi und dem Lehrer Rudolf Riedl.

Noldin und Riedl wurden zu einem Zwangsaufenthalt in Süditalien "konfiniert".

Eduard Reut - Nicolussi flüchtete nach Nordtirol, war volkstumspolitisch aktiv. Er publizierte im Beck - Verlag München 1928 das Buch "Tirol unterm Beil". 1930 wurde die Kampfschrift in Englisch publiziert "Tyrol under the Axt of Italian Fascim". Auf Vortragsreisen nach Deutschland, Frankreich, England und in die USA machte er auf die Südtirol - Frage aufmerksam. 1931 erwarb er an der Juridischen Fakultät die Lehrbefugnis und wurde 1934 zum ao. Universitätsprofessor für Völkerrecht und Rechtsphilosophie ernannt.

Rudolf Riedl kommt nach seiner Zwangsverschickung in Hatting bei Inzing in Nordtirol unter.

Josef Noldin studierte an der Universität Innsbruck Rechtwissenschaften. Mit ihm verbunden sind Aktivitäten gegen die Trennung und Entnationalisierung.

Ab 1925 organisiert er den Notschulunterricht/ "Katakombenschulen" für Salurn und das Bozner Unterland mit Michael Gamper.

1927 wird er zu fünfjähriger Verbannung/ Insel Lipari verurteilt.

1928 erlitt er eine angeblich malariaähnliche Fiebererkrankung.

Im gleichen Jahr erfolgt durch eine Amnestierung die Entlassung aus der Verbannung, Berufsverbot/ Rechtsanwalt und in der Folge eine Verschlechterung seiner Gesundheit nach einer Magenoperation.

1929 stirbt Noldin in Bozen. Straßennamen in Leifers, Tramin, Innsbruck und Wien erinnern an seinen Widerstand gegen die Zwangsmaßnahmen in Südtirol.

3 Osttirol 1918-1932

Die Bezeichnung "Osttirol" als Region des östlichen Pustertales bis Kärnten ist erstmals 1837 nachweisbar.

1871 kam es durch die Inbetriebnahme der Pustertalbahn Villach - Lienz - Franzensfeste zum Anschluss an das Bahnnetz. Die Abtrennung Südtirols war ein massiver Einschnitt.

Kennzeichnend in der Zeit zwischen 1918 bis zu Beginn 1930 ist die isolierte geographische und verkehrsmäßige Lage.

Lienz mit der größten Einwohnerzahl betrug durch Zuwanderung in der Folge fast 25 Prozent der Osttiroler Bevölkerung.

4 Sozioökonomische Entwicklung Tirols

1918 - 1938 war Tirols Wirtschaft überwiegend agrarisch ausgerichtet. In den zwanziger Jahren setzte ein Schwund von 56 auf 35 Prozent der Erwerbstätigen ein. Gründe waren eine Urbanisierung, der einsetzende Tourismus, eine Landflucht und schleichende Agrarkrise.

Das Bevölkerungswachstum verlief gleichmäßig, die Bevölkerungsdichte und Abwanderung war gering.

Traditionell war die Landwirtschaft klein strukturiert. Der Ackerbau fiel deutlich hinter die Viehwirtschaft zurück.

Die Forstwirtschaft war durch den Holzreichtum einkommenssichernd.

Eine neugeordnete Milchwirtschaft litt unter der Weltwirtschaftskrise, es erfolgte die Gründung eines Milchausgleichsfonds und von Marktordnungsverfügungen zur Besserung des Wirtschaftsfaktors.

Die Mangelwirtschaft bei Hunger und Zwangsbewirtschaftung führte zur Desintegration und Entsolidarisierung der Tiroler Gesellschaft.

Der Gegensatz zwischen Herstellern und Verbrauchern führte zu Kleinkriminalität, Schmuggel und Schwarzhandel.

1932/ 1933 führte der Bürgermeister von Wörgl Michael Unterguggenberger in seiner Gemeinde ein "Schwundgeld" ein, eine Parallelwährung neben dem gültigen Schilling (seit 1924 nachfolgend auf die Krone).

Als Währungsexperiment entfaltete es Aufsehen und Beispielswirkung. Das Vorhaben hatte nur begrenzte Dauer.

Der Tourismus wurde durch die steigende Motorisierung begünstigt. Mit der 1000 Mark - Sperre 1933 für deutsche Reisende versiegte praktisch der gesamte Fremdenverkehr. Neben dem Tourismus war auch der Außenhandel mit Agrarprodukten betroffen.

Als Ausgleich suchte man nach einer Internationalisierung der Gästeströme später vorrangig aus Belgien, den Niederlanden, der Tschechoslowakei und Großbritannien.

Die Tiroler Industrie erlebte ein labile Entwicklung (Preisverfall, Abnahme der Inlandsnachfrage, Rückgang der Exporte - Wegfall der Absatzmärkte der Monarchie).

Der Ausbau der Wasserkräfte mit dem Achensee - Projekt deckte den Anstieg der elektrischen Energie, möglich war auch die Elektrifizierung der Bahn.

Die "Westtiroler Werke" konnten wegen der Weltwirtschaftskrise nicht realisiert werden.

5 Bürgerkriegsjahr 1934

Nach den blutigen Tagen um den 12. Februar 1934 gesamtstaatlich und der Ausschaltung der Sozialdemokratie, war Tirol nur ein Nebenschauplatz. Dennoch kam es zu dem Mordbefehl an Polizeistabshauptmann Franz Hickl in Innsbruck mit den Folgerungen von gezielten Verhaftungen der Tätergruppierung und in der Folge zur Flucht des Verantwortlichen.

Im Krisenjahr 1934 bestand in Tirol keine Gefahr eines Aufstandes, keinen "Februar 1934" in Form eines Bürgerkrieges wie im Osten Österreichs.

Dafür jedoch im Jänner 1934 einen handwesten Heimwehr - Putsch in Innsbruck und zeigte, wie ernst der Heimwehrführung mit der Durchsetzung des "Korneuburger Programmes " es gewesen sein musste. Einheiten der Heimwehr besetzten unter dem Vorwand eines angeblichen NS - Putsches lokale Zentren.

Innsbruck glich einem Heerlager im Februar, Quartier wurde in der Universität, im "Bierwastl" und in der Turnhalle des Turnvereins bezogen.

Der Landesregierung wurde ein ultimativer Forderungskatalog von der Landesleitung der Heimwehr vorgelegt.

Säuberung aller Institutionen nicht "vaterländischer" Gesinnung,

Zuweisung von Vertrauensleuten in der Sicherheitsdirektion und den Bezirkshauptmannschaften,

Einsetzung eines "Landesauschusses" mit zwei Mitgliedern der Heimwehr und je einem vom Bauernbund, Jungbauernbund und der Ostmärkischen Sturmscharen sowie Einsetzung von Kommissären zunächst in Innsbruck, Reutte, Mayrhofen, Kitzbühel, Kufstein und Seefeld. Dies hätte eine Machtübernahme in Tirol bedeutet.

Die Ereignisse des 12. Februars 1934 überholten die Forderungen, in Tirol gab es lediglich kleinere Gefechte in der Gegend um Wörgl, Kirchbichl und Häring. Es gab keine Umsturzgefahr.

6 Ständestaat

Der Ständestaat sah eine nach Berufsgruppen und Standesgruppen gestufte Gesellschafts- und Staatsform vor (vgl. Vordenker Othmar SPANN "Der wahre Staat", 1921/ 2014). Damit war in Österreich ein autoritärer Staat im Antikommunismus und Antimarxismus, im Vorbild jedoch von Italien oder Deutschland nachzueifern, christlich-katholisch zu verstehen.

Nach dem 12. Februar 1934 waren die Sozialdemokratische Partei und ihre Organisationen in Tirol aufgelöst. Der Innsbrucker Gemeinderat war nicht mehr beschlussfähig, der Landtag verhandelte am 15. Februar über eine "Selbstauflösung".

Mit der Auflösung des Landesparlaments Ende Februar und Übertragung seiner Rechte an den Landeshauptmann und seinen Stellvertretern waren die Grundfesten der Demokratie beseitigt.

Der Übergang zur autoritären Staatsform war in Tirol im konservativ - bürgerlichen Lager durch Rivalenkämpfe Heimwehr vs. Volkspartei gekennzeichnet. Zielscheibe der Heimwehr war Landesrat Hans Gamper.

Die Regierungsbestellung im Sommer 1934 verlief auch in Tirol in einem Einparteiensystem/ "Vaterländische Front" (VF) als Organisation des Ständestaates in Form einer Sammelbewegung.

Die neue Bundes - Verfassung vom 1. Mai 1934 erfordert die Errichtung eines Gemeinwesens auf "christlicher und ständischer Grundlage". Der Mord an Bundeskanzler Engelbert Dollfuß am 25. Juli führt zur Nachfolge von Kurt Schuschnigg mit Übernahme von noch zwei Ministerien.

In Tirol erreichte die VF bis zum "Anschluss" trotz aller Bemühungen keine Verankerung. Vorerst blieben die Heimwehr und die Ostmärkischen Sturmscharen bestehen.

Sympathien errang in den dreißiger Jahren monarchistische Ideen zeitweilig Popularität.

In Tirol gab es "Kaisergemeinden", die die Ehrenbürgerschaft dem Kaisersohn Otto von Habsburg verliehen. In Osttirol vor allem gab es bemerkenswerte Sympathien.

Die auf Grund der bundesstaatlichen verfassungsrechtlichen Übergangsbestimmungen "ständische Landesordnung" war durch die Repräsentanten der Vertreter der einzelnen Berufsgruppierungen/ Standesvertretungen gewährleistet.

Die "Machtergreifung" Hitlers am 30. Jänner 1933 in Deutschland und die außerpolitischen Erfolge wie die Saar -Abstimmung, das Flottenabkommen mit dem UK 1935 und der Einmarsch in das entmilitarisierte Rheinland 1936 sowie die langsame Unwirksamkeit des "Friedensdiktats von Versailles" verfehlten nicht ihre Wirkung in Österreich.

Österreich hatte mit der Völkerbundanleihe von Lausanne 1932 sich auf einen zwanzigjährigen Anschlussverzicht an Deutschland verpflichten müssen und eine deflationistische Wirtschaftspolitik, Währungsstabilität/ Schilling "Alpendollar" und Devisen- und Sparpolitik betrieben.

Mit der Akzeptanz des Ständestaates entstand langsam eine anhaltende Arbeitslosigkeit in Österreich/ Tirol und in Deutschland die Aufrüstungs- und Kriegsvorbereitungspolitik.

7 "Anschluss" in Tirol 11./ 12. März 1938

Mit der Ankündigung der Volksbefragung hatte Kurt Schuschnigg bewusst Innsbruck mit dem Hintergrund des Tiroler Freiheitskampfes ausgewählt. Überschätzt wurde Tirol als Bastion des Ständestaates.

Problemlos riss der NS am 11.und 12. März 1938 die Macht an sich. Tirol war das erste Bundesland bzw. erster "Gau" in dem der ehemals illegale stellvertretende Gauleiter Egon Denz die "Machtübernahme" vom Fenster des Gasthauses "Breinössl" verkündete. Innsbruck befand sich bereits am Abend des 11. März in den Händen der NS. Formell übernahm als Gauleiter Edmund Christoph gegen 21 Uhr die Führung der Landesregierung.

In den abgelegenen Berggemeinden verzögerte sich die Kenntnis der Volksbefragung.

Im Unterschied zur Volksabstimmung am 10. April gab es völlig unterschiedliche Ergebnisse.

Am 12. März rückten zunächst Vorausabteilungen und in der Folge reguläre Truppen der deutschen Wehrmacht stürmisch begrüßt in Innsbruck ein. Verhaftungen von NS-Gegnern, vor allem Anhängern des Ständestaates, fanden statt.

Der ehemalige Landesführer der Heimwehr Richard Steidle wurde in KZ Buchenwald zwangsverschickt und 1941 "auf der Flucht erschossen". Ein Ende der Nöte und Sorgen führte zur Zustimmung zum neuen Regime.

In Osttirol folgte eine Kundgebung am Abend des 11. März 1938. Anton Stremitzer wurde kommissarischer NS -Bezirkshauptmann. Einige Tage später erfolgte der Einmarsch der deutschen Wehrmacht. Es erfolgten erste Verhaftungen und Enthebungen in Behörden. Die "Lienzer Nachrichten" wurden vom " Der Deutsche Osttiroler" abgelöst.

Südtirol war für Hitler keine Frage. Für einen Verzicht sprach er sich bereits in "Mein Kampf" 1926 aus. Südtirol sollte kein Störfaktor in der Achse Berlin - Rom sein. In Innsbruck wollte man sich damit nicht abfinden.

Auf Grund der im Vertrag von St. Germain möglichen Option befanden sich rund 5000 in Tirol aus Südtirol stammende Bevölkerung, allein 3000 in Innsbruck. Die meisten besaßen die österreichische Staatsbürgerschaft.

8 Wiederkehr der Demokratie

Das politische Leben um die Gruppe der Professoren Franz Gschnitzer und Eduard Reut - Nicolussi, sowie auch Staatsanwalt Ernst Grünewald, Innsbrucks Bürgermeister Anon Melzer und Karl Gruber gründete die "Demokratische Österreichische Staatspartei". Dagegen griff die Gruppe unter Professor Hans Gamper, Adolf Platzgummer und Josef Muigg auf die bündische Struktur der alten "Tiroler Volkspartei" zurück.

Es sollte nicht zum Bruch zwischen Volks- und Staatspartei bei gleicher Zielsetzung kommen. Als Kompromiss wurde eine moderne politische Partei mit sozialständischer und berufsgruppenartiger Gliederung geschaffen.

Die ÖVP Tirol sollte nicht Rechtsnachfolgerin der "Tiroler Volkpartei" werden. Der gesamtösterreichisch denkende Karl Gruber sprach sich für den Führungsanspruch einer neuen Partei mit neuem politischen Boden aus.

In Tirol organisierte sich erstaunlich rasch eine politische Kultur in der für das Land typischen Bünde- und Verbandsstruktur.

Die ÖVP - Landesgruppe Tirol rekonstituiert die bündische Struktur, am 16. September 1945 findet die erste Landesdelegierten - Versammlung des Österreichischen Arbeiter- und Angestellten - Bundes (ÖAAB) mit 132 Ortsgruppen in Innsbruck statt. Zur gleichen Zeit tagte ein vorbereitender Ausschuss der Landesgruppe des Österreichischen Wirtschaftsbundes (WB) mit dem Bekenntnis zum Programm der ÖVP. Bereits am 24. September 1945 wurden die Satzungen des Tiroler Bauernbundes (TBB) genehmigt und damit der TBB konstituiert.

1946 war der Reorganisationsprozess abgeschlossen, der seine weitere Entwicklung bis heute beeinflusst.

Am 4. Mai 1945 fand in Tirol das erste Treffen der Sozialdemokraten und Revolutionären Sozialisten statt. Durch Verfolgung und Exil in der NS - Zeit war der Personalbestand sehr gering. Trotz struktureller Schwäche und den traditionell schwachen Rückhalt in der Tiroler Bevölkerung wurde die SPÖ in das Regierungssystem eingebunden.

Die Betonung einer Zusammenarbeit fördert die Einbindung vormaliger unbedeutender NS - Mitglieder in die Aufbaugesellschaft.

Mit der provisorischen Regierung unter Karl Renner wird die Frage der Zugehörigkeit Tirols zur Republik Österreich aufgeworfen. Es gab keine kontroverse Debatte darüber.

Allein durch die totale Kontrolle der Besatzungsmächte und den in Tirol ab 1948 besonders wirkenden Marshall - Plan / ERP wurde von einem "goldenen Westen" gesprochen.

Ausgebaut wurden die Bundesstraße am Fernpass und nach Reutte und der Seilbahnbau sowie profitierte die Fremdenverkehrswirtschaft. RP - Mittel flossen zur Förderung der landschaftlichen Neugestaltung und Nutzung.

Von 1947 bis 1954 wurde in dem inneralpinen niederschlagsarmen Gebiet am Kaunerberg ein 15 Kilometer langer Bewässerungskanal quer durch die Wiesenhänge bis in das Inntal errichtet.

Im Sommer 1945 entstand eine bemerkenswerte Initiative im Bergdorf Alpbach im Tiroler Unterinntal. Vom 25. August bis 10. September fanden erstmalig die "Internationalen Hochschulwochen" des "Österreichischen College" statt.

Initiatoren waren Otto Molden (Student der Staatswissenschaft und Geschichte) und Simon Moser (Privatdozent für Philosophie der Universität Innsbruck). Nach der geistigen Abschottung in der NS - Zeit wollen sie etwa eine Selbstbestimmung eines akademischen Daseins mit Traditionen des Abendlandes, einem Bekenntnis zur Demokratie und zur österreichischen Geschichte und Kultur verwirklichen.

Simon Moser wollte eine "Bergakademie für Geist und Sport" begründen.

Otto Molden wollte einen sommerlichen Treffpunkt für Studenten und Professoren abseits der Universität, eine Gemeinschaft freier europäischer Intellektueller bilden, die über den wissenschaftlichen Bereich hinaus Ideen kultureller Identität für ein geeintes Europa entwickeln.

1946 aktivierte er erstmals "Gespräche junger Europäer". In der Folge wurde symbolhaft die Europafahne in Österreich in Alpbach gehisst. Diese Zielsetzungen drückten sich in der neuen Bezeichnung "Europäisches Forum Alpbach" aus.

Die Konzeption entwickelte große Strahlkraft und ließ in das Bergdorf Prominente aus Wissenschaft, Politik, Wirtschaft und Kunst kommen. Das Forum wurde Ausdruck der Öffnung Tirols und für Internationalität (vgl. das Programm 2022 > https://tirol.orf.at/stories/3168040/ [7.8.22]).

9 Französische Besatzungszone

Der Wechsel in der Besatzung kam durch die Besatzungszonen - Vereinbarung der Siegermächte für Österreich vom Juli 1945 in London zustande. Am 6. Juli 1945 verließen die ersten US - Regierungsstellen und Truppen das Land. Die Franzosen sollten den direkten Zugang mit der Besetzung von Vorarlberg - Tirol zu ihrer Zone in Baden-Württemberg haben.

Belastet schien das Verhältnis durch die historische Erinnerung an die Tiroler Freiheitskämpfe 1809 zu sein. Statt Hilfen zum Wiederaufbau nahm die französische Besatzungsmacht Demontagen der wenigen Industrien, Requirierungen bei Lebensmitteln und dem Viehbestand sowie Beschlagnahmungen von Wohnungen und Landhäusern vor.

In der Folge ergab sich nach Anlaufschwierigkeiten ein positives Zusammenwirken.

Durch das französische Kulturbewusstsein wurden entsprechende Werte versucht zu vermitteln. Angeboten wurden im Rahmen französischer Kulturpolitik Theateraufführungen, Ausstellungen, Konzerte und Vorträge sowie französische Bildungseinrichtungen mit Schulen und Institut.

In der Folge waren die Bemühungen allerdings nicht nachhaltig.

10 Aufbruch der Katholischen Kirche

Mit Paulus Rusch als ehemaliger Bankangestellter, Studium der Theologie und Philosophie 1933 zum Priester geweiht in Innsbruck, Seelsorger und Regens des Innsbrucker Priesterseminars, am 15. Oktober 1938 zum Apostolischen Administrator Innsbruck - Feldkirch ernannt und am 30. November 1938 in Innsbruck zum Bischof geweiht, setzte nach Kriegsende ein beachtlicher Aufschwung der Katholischen Kirche ein.

Die Aufbauarbeit führte zur Errichtung kirchlicher Institutionen und von Laienorganisationen. Die Caritas in der Nachkriegszeit, viele Pfarrheime, das "Haus der Begegnung" und das "Volksbildungsheim Grillhof" in Vill sind

Beispiele von Aktivitäten. Als sozialpolitisch engagierter Bischof bezieht er sich auf ein Umdenken in Kirche und Politik. Kennzeichnend ist das Engagement im Volkswohnbau bzw. sozialen Wohnbau.

Das soziale Bewusstsein von Rusch basierte auf den Pfeilern einer Erfahrung als Bankangestellter, Zeit im Priesterseminar, katholischer Soziallehre und seinem theologisch - philosophischen Verständnis von Mitmenschlichkeit mit praktizierter christlicher Solidarität. Eine Aktivierung der Laien, ausgehend von der "Katholischen Aktion", führt zur Gründung der "Katholischen Arbeiterjugend".

11 Südtirolpolitik 1946 - 1955

In der Folge gelang es der österreichischen Diplomatie und Südtirolpolitik in technischen Fragen Teilerfolge zu erzielen.

Die in Südtirol leben Optanten erhielten in der Regel die italienische Staatsbürgerschaft zurück. Die Verhandlungen über die "Reoption" hatten sich über 1947 hingezogen, in Kraft erst am 5. Februar 1948. Das "Optantendekret" besagte, dass Südtiroler Deutschlandoptanten, die sich zur Zeit des Inkrafttretens in Italien aufhielten, Ansuchen zur Rückoption bis zum 4. Mai 1948 abgeben mussten, wenn sie wieder italienische Staatsbürger werden wollte.

Neben dem Verlust der Heimat und den folgenden Schwierigkeiten der Rückoption waren Vermögensverluste allerdings schwerwiegend. Viele Optanten erhielten ihre Guthaben und Erlöse aus abgetretenen Gütern nicht mehr zurück, erst viel später ergaben sich Möglichkeiten.

Nach der massiven Zuwanderung besonders in Bozen im Zusammenhang mit der "Triest - Krise" 1953 wegen offener italienischer Gebietsansprüche an Jugoslawien meldete sich Stimmen der SVP und in Österreich, die das Recht ebenso auf Selbstbestimmung forderten. Allerdings war bereits eine Autonomie für Südtirol vereinbart worden, die aber eher nur auf dem Papier stand.

Von Bedeutung war das ""Accordino" über den erleichterten Austausch lokaler Waren ("Tiroler Freihandelszone"), allerdings letztlich reduziert auf spezifizierte Waren, einbezogen auf das Trentino und Vorarlberg.

Mit dem Staatsvertrag 1955 erhielt Österreich die volle außenpolitische Handlungsfreiheit wieder. Nun sollte eine aktivere Südtirolpolitik einsetzen.

Der Ruf das Südtirolproblem vor die Vereinten Nationen/ UNO zu bringen wird lauter. Der Staatsvertrag fixierte die Grenzen vor 1938, die Neutralität untersagte grundsätzlich die Einmischung bei Konflikten in inneren Angelegenheiten anderer Staaten. Damit ergaben sich neue Hindernisse.

Allerdings kam international hinzu, dass die Bevölkerung des Saargebiets am 23. Oktober 1955 in einem Referendum von Frankreich lossagte und sich zur Bundesrepublik Deutschland mit 67,7 Prozent entschied. Ein "Saareffekt" setzte nicht ein, 1960/ 1961 wurde die UNO angerufen.

12 UNO - Debatte 1960

Trotz aller Schwierigkeiten brachte Österreich am 23. Juni 1960 einen Antrag ein. Südtirol kam auf die Tagesordnung der Vollversammlung der UNO. Am 5. September wurde ein Memorandum überreicht, in dem der historische Hintergrund, das Pariser Abkommen mit ausgebliebener Durchführung und die bilateralen Verhandlungen beschrieben wurden. Damit wurde die aktuelle Lage und und Befassung der UNO erklärt. Österreich hatte sein Ziel, die Frage der "politischen Spezialkommission" zuzuteilen, erreicht.

Am 11. Oktober wurde ein Beschluss bzw. Resolutionsantrag eingebracht. Sieben Tage später sollte im politischen Sonderausschuss - mit 98 Delegierten der UNO - die Debatte beginnen. Akzeptanz fand die Formulierungsänderung, Österreich und Italien zu sofortigen Verhandlungen über die Durchführung des Pariser Abkommens zu bewegen.

Am 27. Oktober wurde der Resolutionsentwurf einstimmig angenommen, am 31. Oktober 1960 verabschiedete die Generalversammlung die 18-Mächte-Resolution 1497/ XV. Stichwortartig lauteten die drei Punkte: aufgefordert werden die beiden Parteien Verhandlungen aufzunehmen, in angemessener Frist eine Lösung durch UN-Mittel einschließlich der Anrufung des Internationalen Gerichtshofes oder anderer friedlicher Mittel zu versuchen und sich aller Handlungen zu enthalten, die freundliche Beziehungen beeinträchtigen können.

Entscheidend war das Recht der Zuerkennung Österreichs, über Südtirol mit Italien zu verhandeln. Somit konnte Rom nicht mehr auf die Innerstaatlichkeit pochen. Festgehalten wurde die volle Gleichberechtigung mit der italienischen Bevölkerung mit Bestimmungen über den Schutz des ethnischen Charakters und der kulturellen und wirtschaftlichen Entwicklung des deutschsprachigen Elements.

13 Die Ära Eduard Wallnöfer (1963 - 1987)

Als langdienender Landeshauptmann Tirols begründet er eine neue Ära, mit dem Versuch, Konservatismus und Modernität, Föderalismus und staatliche Loyalität zu verbinden. Wirtschaftliche und soziale Dynamik waren ebenso Zielsetzungen. Eduard Wallnöfer wird als politisches Naturtalent beschrieben.

Als Mann des Bauernbundes, 1945 Sekretär der Bezirkslandwirtschaftskammer Imst, wird er 1949 Landtagsabgeordneter, Landesrat für Landwirtschaft, Königsmacher waren die Bauernbundvertreter Angelus Scheiber und Franz Schuler am 13. Juli 1963 bei seiner Landeshauptmannwahl.

Zu seinen langfristigen und modernisierten Reformen gehören Gemeindezusammenlegungen, die Arbeitsgemeinschaft Alpenländer (ARGE ALP), die infrastrukturelle Erschließung von entlegenen Gebieten, die gesetzlichen Grundlagen für das Elektrizitätswesen, die Eingliederung der Sicherheitsdirektion in das Bundesland und die Erhebung der apostolischen Administration Innsbruck - Feldkirch zur selbständigen Diözese, die Schaffung des Landeskulturfonds zur Vergabe von Mitteln zur Hofsanierung, Grunderwerbs und Maschinenankaufs. Sein Zusammenwirken mit dem Landesamtsdirektor Rudolf Kathrein als persönlicher Ratgeber war von großer Bedeutung.

In der Personalpolitik gibt es interessante Aspekte, die in der politischen Epoche bestimmend waren.

Das Amt des Landtagspräsidenten blieb eine Ehrenfunktion. Die bisherigen Präsenten amtierten in Nebenfunktion: Alois Lugger (1965 - 1979) Bürgermeister von Innsbruck, Josef Thoman (1979 - 1989) Direktor der "Neuen Heimat" und Carl Reissigl (1989 - 1994) Präsident der Handelskammer und Obmann des Wirtschaftsbundes (WB).

Bei der Landtagswahl 1975 wurde ein Mandat dazugewonnen. Beim AAB gab es massive Konflikte um die Kandidaten für die beiden Landesräte,

Fridolin Zanon (Osttirol) und Fritz Prior (Innsbruck) kamen in den Landtag und Regierungsfunktion.

Von Interesse als langjähriger Bürgermeister von Innsbruck (1956 - 1983) und als Landtagspräsident (1963 - 1979) als Begleiter und Unterstützer der Politik Wallnöfers war Alois Lugger. Er war maßgeblich an den Verhandlungen zur Rückgliederung Osttirols mit dem britischen General Winterton beteiligt. In seiner Amtszeit führt er erfolgreich zwei Winter-Olympiaden 1964 und 1976 durch. Zudem war er 25 Jahre Vizepräsident im "Rat der Europäischen Gemeinden". 1964 erhielt Innsbruck nach Wien als zweite Stadt Österreichs nach Wien den Titel "Europastadt". Die große Popularität zeigt sich in der Kandidatur zum Bundespräsidenten, am 23. Juni 1974 verlor er (48,3 Prozent) gegen Rudolf Kirchschläger (51,7 Prozent).

Ebenso eine politische Persönlichkeit war Fritz Prior, als Landeshauptmann - Stellvertreter, Bildungs- und Kulturverantwortlicher in der Landesregierung. Über den Vorsitz der Gewerkschaft Öffentlicher Dienst in Tirol erfolgte 1965 der Einstieg in die Landesregierung. 1978 wurde er in Nachfolge Luggers zum Landesobmann des ABB gewählt (bis 1988). 1966 bis 1994 war er ehrenamtlicher Präsident des Landesschulrates.

Nach US - Muster führte Robert Fiala mit kleinem Stab und sachorientiert die ÖVP - Landesleitung im engen Kontakt mit den Gemeinden. 60 Prozent der Bürgermeister waren Parteiobleute oder ÖVP - Mitglieder. Die ÖVP hatte 310 Ortsgruppen, allein in Innsbruck 22. Fiala führte über 80 000 Funktionäre im Bauernbund, Jungbauernschaft, Arbeiter- und Angestelltenbund und Wirtschaftsbund. Parteimitglieder gab es weit weniger.

Die Südtirolpolitik empfand der Vintschgauer Wallnöfer als politisches und persönliches Anliegen. Jeden Dienstag in der Sitzung der Landesregierung war Südtirol auf der Tagesordnung. Der SVP-Landesparteisekretär Josef Atz war wöchentlich nach der Regierungssitzung in Innsbruck anwesend. Südtirol war ein parteiübergreifendes Anliegen. Der Bau der "Europabrücke" hatte auch eine südtirolpolitische Funktion. Sie sollte auch die Verbindung zum südlichen Landesteil symbolisieren.

Das Verhältnis zu Wien und im Kontakt Wallnöfer-Kreisky war von gegenseitiger Wertschätzung geprägt. Ein starker ÖVP-Club im Nationalrat mit acht Abgeordneten befasst sich zweimal im Jahr mit Tiroler Anliegen (etwa Südtirol, Katastrophenfondsgesetz).

Die Bilanz Wallnöfers betrifft Aktivbereiche wie Strukturpolitik in den Gemeinden, Ausbau der Energieversorgung und Verkehrswege (Inntal- und Brennerautobahn, Felbertauernstraße, Arlbergstraßentunnel), Erweiterung des Fremdenverkehrs und der Bildungsangebote (jedem Bezirk eine höhere Schule), Technische Fakultät und Modernisierung der Universität Innsbruck.

Negativbereich war der Bevölkerungszuzug mit starker Umweltbelastung und Anpassungsschwierigkeiten mit dem Wandel der gesellschaftlichen und politischen Verhältnisse (Bevölkerungsstruktur, politische Einstellung, Ökologie - Ökonomie). Er starb am 15. März 1989.

14 Olympische Winterspiele 1964 Innsbruck

Eine langjährige Planung der Olympischen Winterspiele ging durch die Bewerbungen 1951 und 1960 voraus. Bei der Finanzierung gab es eine Fehlkalkulation.

Der ORF hatte das Monopol in Radio und Fernsehen, es war das größte Sportereignis der Zweiten Republik. Entsprechend war der Kommerzialisierungsprozess und die Professionalität vorhanden.

Die Politik profilierte sich mit Bundesminister Heinrich Drimmel, Bürgermeister Alois Lugger und Landeshauptmann Eduard Wallnöfer.

Neu war für Innsbruck die Internationalität, die über den normalen Fremdenverkehr ging. Die Sicherheitskräfte reagierten nervös, offensichtlich gab es Sorge vor Zwischenfällen.

Folgen der Spiele waren die große Bautätigkeit im Großraum Innsbruck bei Bundesstraßen, Brückenbauten, der Errichtung von Sportstätten und der Schaffung des Olympischen Dorfes.

15 Osttirol als Region

Die isolierte Lage ergab nach 1945 die zweifache Identität "Bezirk Lienz" und als zweiter Landesteil "Osttirol".

Die Abgeschiedenheit und Isolierung wurde erst mit der Eröffnung der Felbertauernstraße beendet. Nach fast 80 Jahren Bemühungen wurde die kürzere innerösterreichische Verbindung zwischen Lienz - Mittersill - Kitzbühel - Innsbruck als winterfeste Straße bzw. Alpentransversale Nord - Süd 1967 eröffnet. Damit fördert der Verkehrsweg den Anschluss an die Nachbarregionen vorrangig Salzburg und Tirol, in der Folge Südtirol und den umgebenden EU - Raum.

Konsequent ist ein verbesserter Wirtschafts- und Bildungsanschluss in seiner breiten Bedeutung möglich.

In seiner Nachkriegsgeschichte in der Besatzungszeit war dieser Raum als letzter Teil Tirols von den Briten besetzt., aber auch als erster Tiroler Bezirk wieder frei. Verzögert erfolgte der Wiederaufbau, die Ernährungssicherung und Entnazifizierung.

In der NS-Zeit war Osttirol Teil des "Gau Kärnten". Die Rückführung zu Tirol stand außer Diskussion für den Großteil der Bevölkerung. Am 17. Oktober 1947 kam die Wiedervereinigung mit Tirol zustande. Die Urkunde trägt die Unterschriften der Landeshauptleute Ferdinand Wedenig/ Kärnten und Alfons Weißgatterer/ Tirol.

Die Erschließung Osttirols wurde vorangetrieben, so der Nationalpark Hohe Tauern, die TAL - Öl - Pipeline, EU -Förderprogramme und Betriebsansiedelungen.

Die Nähe zur gegründeten Alpen - Adria - Universität Klagenfurt in Verbindung mit Lienz als Schulzentrum und EU -Erwachsenenbildungsprogrammen förderten die Bildung der Region (vgl. >

https://www.lienz.gv.at/fileadmin/neu/Marketing/Bilder/Sued_Alpen_Raum/rmo_strategiepapier_su__dalpenraum_DIN_A4_de-klein.pdf., Seiten 13 und 42).

16 Medienlandschaft Tirols

Mit der "Tiroler Tageszeitung" als genehmigte Ausgabe der Besatzung, die ab dem 1. Juni 1945 regelmäßig erscheinen konnte, war eine Grundlage nach Kriegsende geschaffen. In der Phase 1945 -1955 gab es eine Reihe parteiungebundener Blätter wie "Die Wochenpost", "Tiroler Nachrichten" und "Volkszeitung". Eine Monopolstellung erreichte in kurzer Zeit die "Tiroler Tageszeitung" bis in die neunziger Jahre.

Als Sprachrohr der Tiroler ÖVP fungierten die "Tiroler Nachrichten" (1945 - 1973) und in der Folge die "Neue Tiroler Zeitung" (1973 - 1990), die ein immer mehr werdendes Zuschussobjekt wurde. In der mangelhaften Medienvielfalt gab es keine mediale kontroversielle Auseinandersetzung. Trotz der Veränderung der gesellschaftlichen Struktur blieb der Printsektor unverändert stabil.

1981 waren es nur mehr sechs Prozent der Bevölkerung, die dem Agrarsektor angehörten. Das Land blieb trotz wirtschaftlichem und technischem Fortschritt im Sinne der Moderne stark auf Tradition bezogen. Die Kluft zwischen den Lebensverhältnissen und gesellschaftspolitischen Idealen wurde größer. Die Formel "Landesregierung - ÖVP" funktionierte von den sechziger bis in die achtziger Jahre. Während in Wien die Reformen der Ära Kreisky im Nachziehverfahren in Europa dem gesellschaftlichen Wandel Rechnung trugen, wurde in Tirol das neue Gedankengut der siebziger Jahre als Bedrohung von außen wahrgenommen.

Das Fehlen einer ÖVP - Parteizeitung war das Ergebnis einer erfolgreichen ÖVP - nahen "Tiroler Tageszeitung", die erst 1989/ 1990 ihren Kurs ändern sollte. Bis Ende der achtziger Jahre änderte sich nichts, einen Neuanfang setzte der ORF mit der Sendung "Tirol heute" als Konkurrenz zur "Tiroler Tageszeitung". Mit dem Einstieg des bundesdeutschen Springer - Konzerns änderte sich die Ausrichtung der "Tiroler Tageszeitung" / TT. Der veränderte mediale Hintergrund trug zu Erfolgen der reformorientierten Politiker Weingartner und van Staa bei. Die TT wandelte sich zu offenen Tagesblatt. Das Ende der Nachkriegszeit war erreicht und der Aufbruch in die (Post) Moderne erfolgte.

Noch stärker als in Nordtirol beherrschte in Südtirol das Verlagshaus Athesia mit dem Tagesblatt "Dolomiten" die Medienlandschaft und das politische

Geschehen. Hier ist auch auf die Monopolstellung der Südtiroler Volkspartei/ SVP und die Landtagswahlen 1983 hinzuweisen. Die medienpolitische Konstellation ist hier anders gelagert. Der ethnisch -gelagerte Konflikt mit Italien hielt die Dominanz des Athesia - Imperiums mit den "Dolomiten" bis zum heutigen Tag (vgl. die <u>ORF</u> - Sendung "Südtirol heute" und damit die Bedeutung des <u>ORF</u> Tirol mit täglich zwei aktuellen Lokalsendungen).

17 Europaregion Tirol

Die Vorstellung von einer "Europaregion Tirol" diente als Konzept, bestehende Strukturen des Föderalismus zu sichern und weitere Kompetenzen auszubauen. Ein Beispiel war in gemeinsames Büro/ gemeinsame Präsenz in Brüssel.

Mit einer neuen Stabsstelle des Landes wollte man gemeinsame grenzüberschreitende Projekte in Wirtschaft, Landwirtschaft, Verkehr, Tourismus, Kultur, Bildung und Schule anregen.

Das neue zukunftsorientierte Bewusstsein war eine Neuauflage der von Wallnöfer vertretenen "geistig - kulturellen Landeseinheit". Mit dem EU - Beitritt Österreichs am 1. Jänner 1995 kam die die politische Komponente der Tiroler Südtirol - Politik stärker zum Tragen.

Das neue Selbstbewusstsein zeigte sich in Projekten wie Freie Universität Bozen, Flughafen, Schnellstraße Meran -Bozen, Ötzi - Museum und neuer Messe in Bozen.

Das Schengener Abkommen ab 1. April 1998 ergab eine freie Fahrt über den Brenner.

Als Weingartner Vizepräsident des seit dem Unionsvertrag von Maastricht (1. November 1993) geschaffenen "Ausschusses der Regionen" konnte er auf der Bühne der EU als Repräsentant Tirols auftreten. Eine Länderkammer nach deutschem Vorbild schwebte ihm hier vor. Er trat für Freiheitsrechte der Regionen ein.

Die Eröffnung des "Europabüros Tirol" erzeugte in Italien Kritik als politisches Phänomen. Weingartner erneuerte seinen Wunsch nach Föderalismus. Im Vergleich zur ARGE ALP gehe es um einen Schritt weiter.

18 Dauerproblem Transit

In Tirol als "Land im Gebirge" mit geringen freien Flächen, man denke an die Bedeutung des Inntales, dominierte seit den neunziger Jahren die politische Diskussion über Transit- und Grundverkehr.

Weingartner ging zum Bund und der EU auf Distanz, weil dies seine Begründung in der österreichischen Verkehrspolitik hat.

Eingefordert wurden reale Gestaltungsmöglichkeiten des Bundeslandes. Die Verlagerung des Schwerverkehrs von der Straße auf die Schiene, ein Nachtfahrverbot, der Brennerbasistunnel, Mauteinführungen, Reduzierung des Schadstoffausstoß und die Ausweitung der Brennermaut bis Kufstein stammen aus dieser Epoche einer kontroversiellen Tiroler Verkehrspolitik.

Mit der Zusammenarbeit mit der ÖBB bei der Verlagerung des Schwerverkehrs von der Straße auf die Schiene erfolgte ein bescheidener Teilerfolg. Fritz Gurgiser kritisierte wortgewaltig als Führer der Transitgegner den Zustand.

Literaturhinweis Tirol

Alexander H.- Kriegbaum B. (2004): Bischof Paulus Rusch. Wächter und Lotse in stürmischen Zeiten, Innsbruck

Auer W. (2008): Kriegskinder. Schule und Bildung in Tirol im Ersten Weltkrieg, Innsbruck

Biasi F. (1948): Die Lutherische Bewegung in der Herrschaft Kitzbühel von ihren Anfängen bis zum Tode Ferdinands II. (1595) - Masch. Diss. Universität Innsbruck

Dichatschek G. (2007): Minderheiten in Tirol: Protestanten, in: Tiroler Heimatblätter 1/ 2007, 7-11

Dissertori A. (1964): Auswanderung der Defregger Protestanten 1666-1725, in: Schlernschriften 235/ 1964, Innsbruck

Gehler M.(2008): tirol im 20. Jahrhundert vom kronland zur europaregion, Innsbruck

Gelmi J. (2001): Geschichte der Kirche in Tirol. Nord-, Ost- und Südtirol, Innsbruck - Wien - Bozen

Goerz H.-J.(1995): Antiklerikalismus und Reformation, Göttingen

Heim W.- D./ Reiter M./ Weidinger K. (2006): 150 Jahre Zillertaler Einwanderung in Chile. Festschrift 1866-2006, Brandberg - Finkenberg - Hippach - Mayrhofen - Raumsau i.Z. - Schwendau

Hormel U.- Scherr A. (2005): Bildung für die Einwanderungsgesellschaft. Perspektiven der Auseinandersetzung mit struktureller, institutioneller und interaktioneller Diskriminierung, Bundeszentrale für politische Bildung, Schriftenreihe Bd. 498, Bonn

Jarosch M.- Genslackner L.- Schreiber H.- Weiss A. (Hrsg.) (2088): Gaismair - Jahrbuch 2009 - Überwältigungen, Innsbruck

Kofler M. (2005): Osttirol - ein ganz eigener Landesteil, in: Pinzer E. (Hrsg.): Tirol. Ein Bundesland im Überblick, Bd. 1-2, Innsbruck-Bozen, Bd. 1, 240-244

Kreidl W. (1990): Themenschwerpunkt "Karner", in: Erziehung heute 4/ 1990, Innsbruck, 8-12

Kühnert W. (1973): Die evangelisch gesinnten Zillertaler und ihre Vertreibung im Jahre 1837, in: Über die evangelische Vergangenheit und Gegenwart im Unteren Inntal, Zillertal und Achenseegebiet, Festschrift, Jenbach, 15

Leeb R. (2001): Protestantismus und evangelische Kirche als Teil der Geschichte Tirols, in: AMT und GEMEINDE 52.Jg., Heft 9/ 2001, 227-236

Leeb R. - Liebmann M. - Scheibelreiter G. - Tropper P.G. (2003): Geschichte des Christentums in Österreich. Von der Spätantike bis zur Gegenwart, Wien

Mecenseffy G. (1971): Täufertum in Kitzbühel, in: Stadtbuch Kitzbühel, Bd. IV: Von der Vergangenheit bis zur Gegenwart, Kitzbühel, 153-163

Mecenseffy G. (1975): Täufer in Tirol, in: 125 Jahre evangelisch in Tirol. Festschrift zur 125 - Jahr - Feier der evangelischen Gemeinden in Tirol, Innsbruck 2001, 23-29

Riedmann J. (1982/ 1988): Geschichte Tirols, Wien

Schlachta A.v. (2006): Die Hutterer zwischen Tirol und Amerika, Innsbruck

Schreiber H. (2008): Nationalsozialismus und Faschismus in Tirol und Südtirol. Opfer.Täter.Gegner, Tiroler Studien zu Geschichte und Politik, Bd. 8, Innsbruck - Wien - Bozen

Schreiber H.- Jarosch M.- Genslackner L.- Haselwandter M.- Hussl El. (Hrsg.) (2015): Gaismair - Jahrbuch 2016 - Zwischentöne, Innsbruck

Scheidig F. (016): Professionalität politischer Erwachsenenbildung zwischen Theorie und Praxis, Bad Heilbrunn

Spann O. (1921/ 2014): Der wahre Staat. Vorlesungen über Abbruch und Neubau der Gesellschaft, Oldenburg

Stöger P. (2002): Eingrenzt und Ausgegrenzt. Tirol und das Fremde, Europäische Hochschulschriften, Reihe XI Pädagogik Bd./ VOL 744, Frankfurt/M. - Berlin - Bern - Bruxelles - New York - Oxford - Wien

Teil II Adventzeit - Nikolaus

19 Advent- und Weihnachtszeit in Tirol

Weihnachtspostkarte

19.1 Anklöpfler

Wenn es abends früh dunkel wird, die "Anklöpfler" mit Weihnachtsliedern zu Besuch kommen oder die Vorfreude auf das Christkind für leuchtende Kinderaugen sorgt, spürt man, wie tief verwurzelt die festlichen Bräuche hierzulande sind.

Traditionelle weihnachtliche Weisen, die Erinnerungen wecken und kulinarische Köstlichkeiten, die in diesen Wochen ganz besonders schmecken, laden dazu ein, das Jahr genussvoll und gemeinsam ausklingen zu lassen.

19.2 Advent in Tirol - Märkte

Die Regionen, die sich unter der Dachmarke "Advent in Tirol" zusammengeschlossen haben, laden dazu ein: Achensee, Hall in Tirol, Innsbruck, Kufstein, Rattenberg, Schwaz, Seefeld und St. Johann in Tirol.

19.3 Barbaratag

Es gibt eine reiche Tradition rund um die heilige Barbara. Neben ihrer Rolle als Gabenbringerin vor Weihnachten werden bis heute am 4. Dezember Zweige von Obstbäumen geschnitten und ins Wasser gestellt. Für diese Barbarazweige werden verwendet: Weichsel, Apfel, Birne, Pflaume, Flieder, Linde und Kirsche.

Der Gedenktag von Barbara liegt am Beginn des neuen Kirchenjahres. Die Zweige wurden als Mittel zur Zukunftsschau eingesetzt: Nach regionalem Volksglauben bedeutet das Aufblühen der Barbarazweige Glück im kommenden Jahr.

Am 4. Dezember ist "Barbaratag". An diesem Tag ist es seit Jahrhunderten Brauch, Zweige von Obstbäumen aufzustellen.

Barbara lebte wahrscheinlich am Ende des 3. Jahrhunderts im heutigen Izmir in der Türkei. Dort starb sie der Legende nach am 4. Dezember im Jahr 306 für ihren Glauben. Als hübsche, junge Frau sollte sie nach dem Willen ihres Vaters heiraten und davon abgehalten werden, den christlichen Glauben anzunehmen.

Barbara erfuhr durch ihre Lehrer vom Christentum. Da ihr Vater wohlhabend war, ließ er sie gut ausbilden und ihr dafür ein Zimmer in einem Turm einrichten.

20 Nikolaustag

Der Nikolaustag ist einer der schönsten Feiertage für Kinder. Weltweit gibt es verschiedene Bräuche rund um den 6. Dezember. Fast überall stellen Kinder Schuhe oder Teller über Nacht vor die Tür – und werden mit Schokolade und anderen Süßigkeiten beschenkt.

Die Geschenke - Tradition geht darauf zurück, dass der echte Nikolaus vor allem sehr großzügig war. Im dritten Jahrhundert in Myra (heutige Türkei) geboren, verteilte der spätere Bischof sein großes Erbe unter den Armen. Drei Frauen, die ihr verarmter Vater zu Prostituierten machen wollte, soll er nachts Goldklumpen ins Fenster geworfen haben – deshalb die Geschenke über Nacht.

Über die Jahrhunderte entstanden zahlreiche Legenden um Nikolaus – Wahrheitsgehalt ungewiss. Weil er Seeleuten in Seenot geholfen haben soll, gilt der berühmte Bischof auch als Schutzpatron der Schiffer. Aber auch Berufsgruppen wie Kaufleute, Rechtsanwälte und Apotheker sehen ihn als Schutzheiligen. So findet er sich auf zahlreichen Wappen, Kirchen und Gebäuden.

Der in vielen Gegenden übliche Brauch, dass der Nikolaus die Kinder fragt, wie brav sie waren, hat folgenden Grund: Am 6. Dezember – dem Todestag von Nikolaus – wurde traditionell das Gleichnis von den anvertrauten Talenten gelesen (Mt 25,14-30). Letztlich ist nicht so wichtig, welche der Nikolaus - Geschichten wirklich wahr sind: Sie inspirieren zu Güte und Großzügigkeit – und das ist auf jeden Fall im Sinne Gottes.

21 Weihnachten im Kleinformat – die Krippen

Wie in vielen anderen Ländern gehört zu Weihnachten auch in Tirol ein Christbaum, der am 24. Dezember nachmittags aufgestellt und geschmückt wird – wenn nicht mit „modernem" Schmuck und Süßigkeiten, dann oft mit selbst gebastelten Strohsternen, goldfarbigen Nüssen und Äpfeln.

„Typisch tirolerisch" sind hingegen die Krippen, figürliche Darstellungen der Geburt Jesu, die ebenfalls am 24. Dezember aus ihren Schachteln geholt und aufgestellt werden. Die Figuren sind meist kunstvoll aus Holz geschnitzt und werden von Generation zu Generation weitergegeben. Auf einem Krippenberg werden Joseph, Maria, Jesuskind in der Krippe, Ochs, Esel, Hirten, Schafe, Engel und der Stern platziert, auch die Weisen aus dem Morgenland finden sich ein, allerdings erst am 6. Jänner. In manchen Dörfern kann man sogar von Haus zu Haus gehen und die schönsten Krippen besichtigen.

IT - Hinweis

https://www.tiroler-landesmuseen.at/ausstellung/weihnachten-in-bewegung/ (12.10.2024)

22 Weihnachtsbräuche

Für viele ist Weihnachten die wohl schönste Zeit des Jahres. Eine besondere Atmosphäre liegt in der Luft, die Familie steht im Mittelpunkt. Charakteristisch für diese Zeit sind aber auch zahlreiche Bräuche und Traditionen, die jedes Jahr das Fest der Feste zu etwas ganz Besonderem werden lassen.

In einigen Tiroler Orten kommen vor Weihnachten die „Anklöpfler" vorbei. In kleinen Gruppen ziehen junge Männer als Hirten, Wirt, Josef und Maria verkleidet von Haus zu Haus und spielen in Liedern die Herbergssuche von Maria und Josef nach. Ein Hintergrund dieses Brauchtums ist, dass man durch das Anklopfen böse Naturgeister vertreiben wollte.

22.1 Weihnachtliche Speisen

In vielen Tiroler Haushalten werden in der Vorweihnachtszeit gemeinsam Kekse gebacken. Aber die traditionellste weihnachtliche Süßspeise Tirols ist der "Zelten". Die Grundzutaten setzen sich aus gedörrten Früchten, Nüssen und Brotteig zusammen. Natürlich gibt es heute auch "Früchtebrot" und die "Stollen".

In der Weihnachtzeit werden die Kerzen, je nach den Sonntagen, auf den Adventkränzen angezündet. Zu entsprechender Zeit wird ein Christbaum besorgt.

22.2 Weihnachtsbaumkultur

Ein festlich geschmückter und mit Kerzen bestückter Christbaum stellt heute das wichtigste Symbol des Weihnachtsfestes dar. Dies war aber nicht immer so. Dass sich dieser Festbrauch im Bereich der Habsburgermonarchie durchsetzte, ist nicht zuletzt den Habsburgern zu verdanken.

Ein Christbaum im heutigen Sinn ist in Wien erstmals in der Biedermeierzeit offensichtlich über Vermittlung aus Norddeutschland aufgetaucht. In protestantischen Ländern wurde Weihnachten seit langem als ein Fest der bürgerlichen Familie, als gefühlsbetontes, inniges Erlebnis der Geburt Jesu – im Gegensatz zum öffentlich begangenen, kirchlichen Festtag in fröhlicher Geselligkeit der katholischen Tradition – gefeiert. Das "neue" stille Weihnachtsfest unter dem Christbaum wurde im Bereich der Habsburgermonarchie erst im Biedermeier zum Inbegriff für frommen Familiensinn und bürgerliche Häuslichkeit.

Dieser rasante Bedeutungswechsel und dessen bereitwillige Annahme in Wien lässt sich durch die tiefgreifenden gesellschaftlichen Veränderungen im josephinischen und biedermeierlichen Wien erklären: die neue Schicht des wirtschaftlich starken gehobenen Bürgertums übernimmt nun in der Zeit der industriellen Revolution die Führungsrolle in der Gesellschaft und sucht nach neuen Ausdrucksformen für seine neuen Wertvorstellungen in Bezug auf Familiensinn.

Im Jahre 1814 ist in Berichten der Metternich'schen Staatspolizei erstmals von einem Christbaumfest im Salon der jüdischen Bankiersfamilie Arnstein zu lesen, an dem die Anwesenden reichlich mit Geschenken bedacht wurden, was damals in Wien am Heiligen Abend unüblich war. Die Frau des Hauses, Fanny von Arnstein, stammte aus Berlin und brachte diesen Brauch aus ihrer Heimat mit.

Seinen rasanten Triumphzug in die Wohnzimmer des Bürgertums begann der Christbaum jedoch im Umfeld des Wiener Hofes, und zwar ebenfalls über Vermittlung aus Norddeutschland. Die aus einer helvetisch - protestantischen Familie stammende Gattin Erzherzog Karls, Henriette von Nassau - Weilburg, brachte den norddeutschen Brauch an den Wiener Hof. Zu Weihnachten des Jahres 1816 erstrahlte im Hause Habsburg erstmals ein Christbaum im Lichterglanz. An dieser Weihnachtsfeier nahm auch Kaiser

Franz I. teil, der vom Zauber des Christbaumes derart beeindruckt war, dass er den Auftrag gab, in Zukunft auch in der Hofburg einen Christbaum aufzustellen. In der Folge wurde es auch in katholischen Haushalten üblich, das Weihnachtsfest unter dem Christbaum zu begehen: war es 1821 laut Berichten noch nahezu unmöglich in Wien einen Christbaum zu bekommen, so gab es ab 1829 bereits Christbaumverkäufer beim Schottentor, und 1851 soll der Platz Am Hof in der Vorweihnachtszeit bereits einem Wald geglichen haben. Diese Veränderungen rund um das Weihnachtsfest wurden aber oft auch kritisch gesehen.

22.3 "Kult der Drei Könige"

Es ist ein uraltes Tiroler Brauchtum aus dem Alpbach- und dem Zillertal. Bei Einbruch der Dunkelheit am Dreikönigsabend (5. Jänner) sind "Berchten" von Haus zu Haus unterwegs. Diese haben an die Hausleute in den Bauernhöfen eine Bitte. Sie wollen mit einem Besen symbolisch die Dämonen aus den Häusern kehren. Dabei muss es aber still bleiben.

22.4 Drei Könige der Weihnachtsgeschichte

Obwohl sie nur einen kurzen Auftritt in der Geschichte der Geburt von Jesus haben, hinterließen die Weisen aus dem Morgenland einen bleibenden Eindruck für das Christentum. Die Heiligen drei Könige werden in zahlreichen Weihnachtsliedern erwähnt. Sie folgen einem Stern und kommen nach Bethlehem, um dem neugeborenen Jesuskind die Ehre zu erweisen.

Im Neuen Testament werden sie allerdings nicht als „Könige" bezeichnet und ihre Anzahl wird auch nicht näher spezifiziert – stattdessen werden sie als „Sterndeuter aus dem Osten" angeführt. An vielen Herrscherhöfen im Osten, wie beispielsweise Babylon und Persien, dienten ausgebildete Astronomen oft als geistliche Berater, die in der Kunst der Magie bewandert waren. In den darauffolgenden Jahrhunderten bis heute wurden die drei Weisen immer mehr als Könige interpretiert. Laut dem Matthäusevangelium führte ein heller Stern die Sterndeuter aus dem Osten, bis „zu dem Ort, wo das Kind war, wo er stehenblieb. Die Weisen gingen in das Haus und sahen das Kind und Maria, seine Mutter" (Matthäus 2:9-11).

Spätere Erzählungen der Geschichte nannten die Weisen beim Namen und gaben auch ihre Herkunftsländer an: Melchior stammte aus Persien, Caspar (auch Gaspar oder Jaspar genannt) aus Indien und Balthasar aus Arabien.

Auch ihre Geschenke besaßen spezifischen Symbolcharakter. Das Gold betonte Jesus Status als „König der Juden", Weihrauch repräsentierte die Heiligkeit des Neugeborenen und seine Identität als Sohn Gottes, während die Myrrhe Jesus Tugendhaftigkeit unterstreicht.

Beliebte Weihnachtsdarstellungen wirken wie eine Komprimierung der Weihnachtsgeschichte, bei der die Heiligen drei Könige am Weihnachtsabend in Bethlehem auftauchen. Traditionell wird ihr Besuch jedoch erst zwölf Tage nach Weihnachten gefeiert. Der Dreikönigstag (Epiphanias genannt) ist die offizielle Besinnung auf die Ankunft der Weisen und einer der ältesten christlichen Feiertage. Die römisch - katholische Kirche feiert den Dreikönigstag am 6. Januar, während er bei den orthodoxen Kirchen am 19. Januar zelebriert wird.

Teil III Krippenkultur - Beitrag Herbert Jenewein

Im Folgenden wird auf die Kippen- und Volkskultur in Süd-, Ost- und Nordtirol im 20. Jahrhundert, im Südtiroler Vintschgau, Osttiroler Pustertal und Nordtirol der Region Jochberg bis Kössen eingegangen.

23 Die Krippenkultur in Süd-, Ost- und Nordtirol im 20. Jahrhundert

Durch den herrschenden Zeitgeist am Ende des 18. und am Beginn des 19. Jahrhunderts erhalten die Krippenbauer auch von der ländlichen Bevölkerung immer mehr Aufträge für Kirchenausstattungen und den Bau von Krippen. Es entstanden kleinere und größere Werke der Volkskunst. Das Betätigungsfeld des Volkskünstlers bildete die kleinere Form.

23.1 Volkskunst

Im alten Tirol entstand eine Krippenkunst mit unterschiedlicher regionaler Ausprägung. Durch hervorragende Schnitzer, Krippenbauer und Maler wurden die Krippen zu einem wichtigen Bestandteil des Dorflebens. Krippen wurden von Krippenkünstlern geschaffen. Diese haben eine unterschiedliche regionale Ausprägung. Es sind zum Großteil Werke der bäuerlichen Bevölkerung und der Bergknappen (zum Beispiel in Absam/ Thaur) oder anderer Laienkünstler.

Bekleidete Krippen mit geschnitzten oder aus Wachs gegossenen Gliedmaßen bilden die ältesten Formen der Krippenkunst. Meist waren die bekleideten Krippen in Kirchen und Kapellen anzutreffen, in denen sie im 19. Jahrhundert zur Blütezeit heranreiften.

Die Weihnachtskrippen in den drei Tiroler Landesteilen führten zu einer Teilung in zwei Gruppen:

- Krippen, die von Krippenkünstlern geschaffen wurden, die sich an Krippentypen anlehnen (zum Beispiel Giner, Nissl, Bachlechner, Speckbacher u. a.). Diese sind vor allem im mittleren Inntal und im Pustertal anzutreffen.

- Krippen, die mit anderen Maßstäben zu messen sind. Es handelt sich um Werke der bäuerlichen Bevölkerung, der Knappen oder anderer

Laienkünstler. Diese versuchen ihre eigenen Vorstellungen vom Weihnachtsgeschehen und ihrer Umgebung darzustellen.

Die Geburt Jesu Christi wird in den Tiroler Krippen in einer verständlichen, idealisierten Gebirgslandschaft dargestellt, die an die heimatliche Umgebung erinnert. Es finden sich in einem bunten Nebeneinander heimatliche Gebäude mit exotischen Pflanzen und Tieren. Viele Krippen sind stufenweise aufgebaut. Die ummauerte Stadt gleicht dem himmlischen Betlehem mit einem bekrönendem Berg. Dieser Bauplan ist bei vielen Kastenkrippen noch erkennbar, wobei die eingesetzten Engels- und Königsfiguren meist Typen aus dem Volk repräsentieren. Sie sind meist mit unterschiedlichen landwirtschaftlchen Gerätschaften bei der Verrichtung verschiedener Tätigkeiten dargestellt.

Ab der Mitte des 19. Jahrhunderts beschränkt man sich auf das Wesentliche des biblischen Weihnachtsberichtes im Stil der Nazarener in den Kirchen. Als lokale Ausprägungsorte dieser Stilrichtung sind vor allem das mittlere Inntal und das Pustertal zu nennen. In den übrigen Teilen Tirols bleibt die Krippe weiterhin mit der Welt des Barock verbunden.

Zum Begriff „Nazarener" gibt es Folgendes zu sagen. Romed Riedmüller (1855-1890) ist als erster Vertreter der nazarenischen Richtung in der Thaurer Krippenkunst zu nennen. Dadurch änderte sich das gewohnte Schaubild der Thaurer Krippe zunächst noch nicht. Erst durch die Werke von Romed PLank werden die typischen Merkmale der nazarenischen Krippenkunst zum Ausdruck gebracht.

Ein gutes Beispiel dafür ist die Kohlegger - Krippe in Innsbruck, eines von vielen Werken, welches die Schnitzkunst des Alexander Öfner in Zirl maßgeblich beeinflusst haben. Weitere wichtige Namen des nazarenisch - romantischen Krippenstils sind unter anderem Schnorr von Carolsfeld, Josef von Führich und Franz Pernlochner d. Ältere. Ihren Höhepunkt in Tirol erreicht diese Richtung allerdings im Krippenwerk des Historienmalers Max Gehri, der besonders als Maler von Krippenlandschaften geschätzt wurde.

Inspiriert wurden die Werke Gehris hauptsächlich von Edmund von Wörndle. Zu den bekanntesten Krippenlandschaften Gehris zählen die der Mayr - Krippe, der Prantl - Krippe, der Tschoner - Krippe, der Schatz - Krippe, der Ringler - Krippe in Innsbruck und der Tragseil - Krippe in Lans.

Der Name Romed Speckbacher steht für die Fortsetzung der örtlichen Thaurer Schnitztradition, wobei auch der gleichnamige Sohn in diesem Zusammenhang zu erwähnen ist. Mit der Zeit näherte sich die nazarenische Richtung der Thaurer Krippenkunst jedoch immer mehr der orientalischen an, aber auch die Stilrichtungen Sezession und Jugendstil übten einen Einfluss aus. Noch heute gelten die Speckbacher Krippen als unverkennbarer Typus der nazarenischen Krippenkunst.

Durch das erzählende Moment und einer gewissen Unbekümmertheit werden geschichtliche Ereignisse und unsere Gegenwart nebeneinander gestellt. Der Nazarener Joseph Führich entwarf einen biblisch - romantischen Stil. In der Folge orientierten sich danach auch die in Südtirol beheimateten Schnitzwerkstätten und andere kirchliche Kunstanstalten.

23.1.1 Pilgerfahrten

In weiterer Folge brechen immer mehr Menschen zu Pilgerfahrten in das "Heilige Land" auf. In der Krippenkunst will man den Bericht über die Geburt Christi in der ursprünglichen Umgebung widerspiegeln. Sowohl die Krippenschnitzer, als auch die Krippenbauer und Hintergrundmaler legen großen Wert auf eine genaue Wiedergabe. Die orientalischen Krippen lösen die bisherigen größeren heimatlichen Hauskrippen ab.

Durch die Ausbreitung der Nazarener und der orientalischen Krippen sind in verschiedenen Landesteilen immer mehr alte Krippen mit volkstümlichen Figuren verschwunden. Die Krippelemandln wurden auf Dachböden gelagert. In vielen Fällen ersetzten sogenannte Trautnermandln (aus der Kunstanstalt Trautner in Innsbruck) gemalte Gipsfiguren oder aus Krippenbögen ausgeschnittene Papierfiguren.

23.1.2 Tiroler Krippe

Als gegensätzliche Richtung der orientalischen Krippe formt Josef Bachlechner um 1900 den Typus der „Tiroler Krippe", indem er das Weihnachtsgeschehen kurzer Hand in die alpine Landschaft versetzt. Kindlich wirkende Figuren verbreiten sich durch Postkarten mit Krippenfiguren zum Ausschneiden. Sehr detailliert erfolgt nun der Nachbau heimatlicher Gebäude und auch die Hintergrundmalerei lässt Schlüsse auf bekannte Täler und Orte zu. Durch die Verbreitung von Krippenbögen und -karten werden Krippen im Stil Bachlechners in ganz Tirol bekannt. Vor allem durch die Zunahme von Krippenbaukursen wird der Tiroler Stil, neben dem orientalischen, immer beliebter. Für eine zeitgemäße Modernisierung der Tiroler Krippe steht das Werk von Ludwig Penz.

23.2 Krippenvereine

In der heutigen Zeit wird unser Verständnis über Krippen vor allem durch die Bemühungen der Krippenvereine geprägt. Ging es zunächst vorrangig um die Erhaltung sowie Wiederaufstellung alter Krippen, so versinnbildlichen heute die Krippenkurse eine Hinwendung zu den Handwerkskünsten und stellen ein Gegenbild zur Schnelllebigkeit unserer Zeit dar. All diese Bestrebungen ermöglichten auch die Verwendung von Krippen als Schaufensterdekoration, als Dorf- oder Stadtkrippe in der Öffentlichkeit üblich, was jedoch von manchen Krippenfreunden durchaus auch kritisch gesehen wird.

Konstatiert Josef Ringler in seinem Buch „Tiroler Krippen unserer Zeit" (1966) noch eine Abwendung der Krippen vom traditionellen Schaubild, so zeigt die heutige Entwicklung eine Hinwendung zur traditionellen Form der Krippe mit verstellbaren Figuren und selbstgebasteltem Hintergrund, wobei die Krippe des akademischen Bildhauers immer mehr in den Hintergrund gedrängt wird. Insbesondere die moderne Ausprägung der Krippenkunst ist weitestgehend ein Werk von Laien.

23.3 Die Krippenkunst im Südtiroler Vinschgau

Wirtschaftlich gesehen war das Vinschgau bis zum Ende des 19. Jahrhunderts ein von Armut geprägtes Tal, wobei dies besonders für den oberen Vinschgau und die am Sonnberg gelegenen Höfe gilt. Doch speziell diesen Tälern entstammen Künstler wie Bildhauer, Maler und Dichter. Allerdings war es in diesen Gegenden um die Krippenkunst nicht besonders gut bestellt, weil viele dieser Künstler aufgrund der wirtschaftlichen Verhältnisse gezwungen waren den Aufenthaltsort zu wechseln (Menardi, S. 94-95).

In jedem größeren Ort gab es meist eine besonders ausdrucksstarke Krippe, wovon viele bis heute erhalten sind. Die aus dem Vinschgau stammenden Krippenfiguren des 19. Jahrhunderts wurden auf einer Nassereither - Krippe aufgestellt. Einen besonderen Namen haben sich im oberen Vinschgau zum Beispiel der Malser Bildhauer Martin Adam (1855-1938) mit seinen Kirchen-

und Hauskrippen sowie die Brüder Beyr (Falatschhof) aus Glurns gemacht. Zusätzlich gibt es viele neuere Krippen mit ausgeschnittenen (Krippenbögen von J. Bachlechner oder J. B. Oberkofler), gekleideten (nach Vorbild von Prälat Konrad Lechners), geschnitzten und gefrästen oder auch Plastik- und Gipsfiguren italienischer Herstellung, die nicht minder weihnachtliche Stimmung in den Kreis der Familie tragen soll.

23.3.1 Kirchenkrippen

Ferdinand Plattner (1869-1890), ein Kanonikus, der als großer Krippenapostel gilt, hatte trotz seiner Inhaftierung in der NS - Zeit die Möglichkeit in Schlanders beim Bau von Krippenbergen, Ausbessern von Krippenfiguren und Aufstellen von Krippen in verschiedenen Privathäusern mitzuhelfen. So beeinflusste er das Krippengeschehen in dieser Gegend.

Die vorherrschende Richtung der Krippenkunst in den Kirchen des Vinschgaus sind zu allererst Bretterkrippen. Beispielhaft für diese Stilrichtung sind die Werke des Monsignore Johann Baptist Oberkofler (1895-1969), der für die Pfarrkirche zur hl. Katharina in Schluders im Jahr 1937 und die Pfarrkirche in Reschen im Jahr 1960 die Anbetung der Hirten und der Könige malte. Als weiteren Vertreter lässt sich Hans Pescoller aus Bruneck festmachen, der sich für die Krippe in der Pfarrkirche von Stilfs verantwortlich zeigt.

Ebenso bekannt und gleichzeitig eine der ältesten ist die Bretterkrippe in der Pfarrkirche von Kortsch, dessen Schöpfer Florian Kortsch ist, einem Vinschgauer Maler, der allerdings nur von regionaler Bedeutung ist. Auch in der Pfarrkirche von Naturns ist eine Bretterkrippe mit den anbetenden Hirten und huldigenden Königen aufgestellt, diese wird dem Meraner Künstler Josef Wengenmayr (1723-1804) zugeschrieben.

In der Pfarrkirche von Tschars ist eine im Jahr 1937 angeschaffte Krippe mit geschnitzten Figuren aufgestellt, die zum Teil ein mit Moos bedecktes Gelände aufweist, das sich vor der gemalten Dorfansicht des Ortes befindet. Weiters befindet sich in der Pfarrkirche von Martell eine „Nazarenerkrippe", jedoch vervollständigt diese Aufzählung der Kirchenkrippen nur zum Teil.

23.3.2 Hauskrippen

Auch bei den Hauskrippen gibt es Exemplare, die in besonderem Maße hervorstechen: Nämlich eine in einem Bauernhof in Kortsch sowie eine in einem ehemaligen Gasthof in Göflan. Jene aus Kortsch dürfte in etwa um das Jahr 1860 entstanden sein und ist in eine Stubenecke des Bauernhofes eingebaut. Die Begrenzung dieser Krippe wird durch die Verwendung von Tannenzweigen erreicht, welche mit Strohsternen und Lametta geschmückt sind. Bei der Positionierung des Tuchberges, der von gezäunten Wegen durchzogen ist, wurde besonderes Augenmerk darauf gelegt, dass beide Seiten hinab zur Geburtsgrotte führen. Das Vorhandensein verschiedener Gebäude auf den Bergabsätzen, zum Beispiel die etwas erhöht rechts von der Geburtsgrotte stehende enggebaute, vieltürmige Stadt, eine Versinnbildlichung Betlehems, verdeutlicht den Sinn für Detailgenauigkeit in der Südtiroler Krippenkunst. Die Stadtmauern wurden erst zu einem späteren Zeitpunkt ergänzend hinzugefügt. Mehrere Hirten ziehen mit ihren Schafen zur Anbetung des göttlichen Kindes, wobei zu beiden Seiten der Grotte Leuchterengel positioniert sind. In den Figuren auf dem Berg zeigen sich verschiedene Bevölkerungsschichten aus dem Volk, nämlich einen Hirten mit Dudelsack, Störhandwerker, Müller, Schindelklieber, Bauersfrauen, Jäger und andere. Sogar auf die Tierwelt wurde bedacht genommen, denn auf den höchsten Bergspitzen befinden sich Gemsen. Die geschnitzten und mit bunten Ölfarben bemalten Figuren besitzen eine Größe von 6,5 bis 12,5 cm und wurden von verschiedenen Künstlern geschaffen. Diese stammen zum überwiegenden Teil aus der zweiten Hälfte des 19. Jahrhunderts, genauer gesagt nach 1860, wobei eine der jüngeren Figuren im Jahr 1908 geschnitzt wurde.

Ganz an den barocken Stil angelehnte Hauptfiguren der Krippe in Göflan entstanden um das Jahr 1800, die auf die Hand eines unbekannten Meisters schließen lassen. Die verwendeten Figuren – Geburtsgruppe, Hirten und Könige weisen eine Höhe von ca. 20 cm auf und stehen auf profilierten Sockeln, die im Laufe der Zeit um verschiedene Figuren mit den üblichen Bodenbrettchen ergänzt wurden. Ein Krippenberg aus geleimtem Tuch, welches über einem Rohrgestell modelliert wurde, ist im vorderen Bereich von einer Balustrade begrenzt. Die eigentliche Geburtsgrotte zeigt durchwegs neugotische Züge. Dabei stechen vor allem die eingezäunten

Wege und die Architektur - Versatzstücke hervor, diese sorgen für die Gliederung des gestuften Berges, wobei dieser am Ende des 19. Jahrhunderts geschaffen wurde. "Kraxentrager", Jäger, Hirten, Kühe, Auerhähne, Löwen und Gemsen lassen sich in den Nebenszenen erkennen.

Besonders die Bildhauer Karl Grasser (geb. 1932) in Kortsch sowie Friedrich Gurschler auf der Töll sind in diesem Zusammenhang erwähnenswert. Der Erstgenannte begann seine Ausbildung als Knecht beim Eyrscherbauern, wo er seine erste Krippe schnitzte und sich damit sein Geld verdiente. Die Kortscher Krippe stammt aus dem Jahr 1947 und ist immer noch im Besitz des Künstlers, nicht jedoch die Krippenreliefs und -figuren, die sich in Privatbesitz im In- und Ausland befinden. Dabei spiegeln seine Figuren die eigene Auffassung von der Krippe wieder, teilweise sind sie aber auch an die Bachlechnervorbilder angelehnt.

Eine besondere Erwähnung müssen auch die Kleinkrippen des Untervinschgaus in Form von Schnalser Krippen in Tabland und Naturns finden. So wird die moderne Schnalser Krippe Friedrich Gurschlers in den Schnalser Krippen rezipiert.

23.4 Die Krippenkunst des Osttiroler Pustertales

Einleitend muss man erwähnen, dass das Hochpustertal gemeinsam mit dem Osttiroler Pustertal als regionale Einheit innerhalb der Krippenkunst dieser Gegend zu sehen ist. Der Name Anton Stabinger spielt in Kartitsch eine große Rolle, denn er ist verantwortlich für den Bau eines orientalischen Berges einer Kastenkrippe, deren Figuren von Johann Gwercher und Johann Seisl geschnitzt wurden. Ein weiteres Beispiel für die Osttiroler Krippenkunst sind die von Josef Sint geschnitzten Figuren für die Mesnerhof - Krippe. Diese sind vom Stil her sehr auf das Wesentliche konzentriert, wobei auch seine Kartitscher Krippen die Hand eines Volkskünstlers erkennen lassen.

23.4.1 Krippenbaukurse

Im Mittelpunkt der Darstellungen steht die Geburt Christi, die im Besonderen nach dem 2. Weltkrieg immer beliebter wurde. Die bereits seit Jahrzehnten angebotenen Kippenbaukurse führten zu einer weiteren Belebung der Krippenkunst, sodass es heute kaum mehr ein Haus in Kartitsch gibt, in dem heute nicht mindestens eine Krippe aufgestellt ist.

Weiters stoßt man im Villgratental noch teilweise auf die Grödner „Schachtelemandln". In Außervillgraten verfügt die Kirche über zwei Krippen, von denen die ältere an der Seitenaltarmensa angebracht ist. Der dazugehörende Berg steht auf einem aus leimgetränktem Tuch modelliertem Grundriss. Bei dieser Krippe besteht die Möglichkeit den Ruinenstall mit dem Darstellungstempel auszuwechseln. Im Hintergrund ist eine vom Orient inspirierte Landschaft zu erkennen. Von den dargestellten Szenen stammen drei aus dem Weihnachtsbericht: Nämlich einerseits die Anbetung der Hirten, die Darstellung im Tempel und die Anbetung der Könige. Diese im Nazarenerstil gebaute Krippe und der Berg wurden laut Pfarrchronik von Pfarrer Rabensteiner dem vorigen Besitzer Conrad Herst im Jahr 1898 abgekauft. Die jüngere der beiden Kirchenkrippen, eine Geburtskrippe mit Engel, erwarb im Jahr 1955 der Außervillgrater Pfarrer Lercher. Der ursprüngliche Aufstellungsort befand sich im Konvent Maria Weißenstein und war über dem Tabernakel aufgestellt.

Eine Besonderheit in Kartitsch ist die Aufstellung eines weihnachtlichen Zeichens in den Häusern der Gemeinde. Am häufigsten sind dies in Krippenbaukursen selbst hergestellte Krippenberge aus Wurzeln, Rinden und Moosen, die mit aus Lienz und Innichen stammenden Pressmassefiguren in Szene gesetzt werden. Dabei sticht bei diesen Kleinkrippen besonders die Aussparung des Hintergrundes ins Auge. In diesem Zusammenhang ist im Speziellen jene Krippe von Augustin Webhofer zu nennen, einem in Elbigenalp ausgebildeten Schnitzer. Auch eine Krippe von Adrian Egger, die in den Sechzigerjahren entstand und mit Figuren von Willi Rainer aus Innervillgraten, die im Jahr 1965 hergestellt wurden, ausgestattet ist, muss an dieser Stelle erwähnt werden. Der Berg dieser Krippe wurde im selben Jahr von der Krippenbauerin Anna Schett - Walder, ebenfalls aus Innervillgratten, geschaffen. Hier findet man auch wieder die Grödner Schachtelmandln und einige andere Figuren, die im 19. Jahrhundert entstanden sind. In einem von Anton Leiter geführten Geschäft war es in den fünfziger Jahren des vorigen Jahrhunderts noch möglich Tonfiguren zu erwerben.

Im Gegensatz dazu besitzt die Mehrheit der Krippen aus Innervillgraten geschnitzte Figuren. Dies sind vor allem Grödner Figuren, Eigenarbeiten und Ähnliches. Der Brauch des Krippenschauens in den privaten Haushalten ist aber im Laufe der Zeit immer mehr in Vergessenheit geraten.

23.4.2 Krippenberge

In Strassen, einem Ort im Haupttal, findet man drei Krippen vor. Im Jahr 1920 erwarb man eine Grödnerkrippe im orientalischen Stil, die mit einem Moos - Rindeberg ausgestattet ist. Im Zuge des Krippenbaukurses von 1950 wurde schließlich ein neuer Krippenberg geschaffen. Der Bildhauer Rogl erschuf im Jahr 1981 eine weitere Krippe, die der Kirche als Leihgabe des akadem. Malers Oswald Kollreider integraler Bestandteil der Kirche wurde.

Auch gekleidete Holzfiguren findet man in der Gemeinde Abfaltersbach in den beiden Pfarrkirchen, die ungefähr zur selben Zeit, nämlich um das Jahr 1800, entstanden sein durften. Für K. Maister ist jene in der Pfarrkirche St. Andrä in Abfaltern aufgestellte und die „wohl originellste Kirchenkrippe Osttirols". In den sechziger Jahren des 19. Jahrhunderts wurden eine Köpfe der Krippenfiguren von Franz Schneider geschnitzt, wobei die Krippe selbst in den Jahren 1880-1890 erstmals restauriert wurde. Die dargestellten Szenen beinhalten die Anbetung der Hirten, den Königszug, die Anbetung der Könige, die Darstellung im Tempel, der zwölfjährige Jesus im Tempel und die Hochzeit von Kana mit der „Krippenküche", die als besonders beliebt gilt. Die auf dem rechten Seitenaltar der Pfarrkirche Mariä Himmelfahrt in Abfaltersbach aufgestellte Krippe ist der zuvor genannten sehr ähnlich. Die Kirche selbst wurde etwa im Jahr 1900 restauriert und dadurch musste die Krippe bis 1945 im Unterdach des Widums, ohne besondere Pflege aufbewahrt werden.

23.4.3 Krippenfigurenkleidung

In der heutigen Zeit ist man wieder um eine Instandhaltung bemüht, denn die Figuren werden zum Teil noch in der Originalkleidung gezeigt und sind von besonderer Prunkhaftigkeit. Die Ausgestaltung der Köpfe dieser Figuren lässt auf einen Schnitzer bäuerlicher Herkunft schließen. Besonderes Augenmerk wurde auf die Stallruine gerichtet, die in den 1960er Jahren einer Renovierung unterzogen. Vor dieser werden nun die Szenen der Anbetung der Hirten, der Königszug, die Anbetung der Könige, die Darstellung im Tempel und der zwölfjährige Jesus im Tempel gezeigt.

Im besonderen Maße stechen unter den Figuren der Hauskrippen jene aus den Händen von Toni Kollreider, Franz Niederwanger und von einem unbekannten Künstler aus Gröden hervor. Auch der aus Pfalzen stammende

Pfarrer Franz Xaver Niederwanger (1835-1917) schnitzte bereits während seiner Kooperatorenzeit in Dölsach zwei größere Krippen. Nachdem er eine Pilgerfahrt ins heilige Land unternahm, wechselte er zur orientalischen Stilrichtung.

Hie und da entdeckt man in manchen Häusern noch kleine Kastenkrippen, die der letztgenannte Pfarrer für einige Familien als Erinnerungsstücke schuf. Beispielgebend soll nun eine dieser Krippen näher beschrieben werden: In der ersten Ebene des Kästchens befindet sich die Geburtskrippe der Hirten, darüber befinden sich in der zweiten Ebene die aufbrechenden Weisen. Die naiv geschnitzten und bunt bemalten Figuren sind mit dem Rindenberg fest in das wenig tiefe Kästchen montiert. Rückseitig lässt sich folgende handschriftliche Widmung erkennen: „Zur Erinnerung an die Herz Jesu - Sekularfeier /: 1796-1896 :/ und als Andenken der Familie Kantschieder zum Weihnachtsfeste im Jahre 1896 von Fr. N. Pfarrer in Abfaltersbach.) Eine aus der barocken Spätzeit des Klassizismus (1. Hälfte des 19. Jahrhunderts) stammende Bretterkrippe in der Pfarrkirche von Amras wird Paul Troger zugeschrieben. Sie weist eine große Ähnlichkeit, sowohl in der Komposition, als auch in der Farbgebung mit der Lienzer Franziskanerkirche auf, weshalb vermutet wird, dass sie aus der Hand des selben Künstlers stammt. Am Hochaltar befinden sich die dazugehörenden Figuren, wobei der Stall eine ältere Provenienz aufweist.

Der Amraser Künstler Toni Kollreider (1904-1980), ein Schüler Plattners, steuerte für manche Krippen seine Figuren zu. Besonders hohen Bekanntheitsgrad erlangte die Krippe beim Ulderer in Rain, der sich mit großer Begeisterung für Krippen interessierte. Die beiden Ulderer Anton Stabinger und J. Oberthaler modellierten im Jahr 1910 einen orientalischen Berg, dem neben Bethlehem auch die Stadt Jerusalem, von einem älteren Krippenberg stammend, eingebunden wurde. Karl Untergasser zeichnet sich dafür verantwortlich den Hintergrund im Jahr 1911 gemalt zu haben. Geschmückt ist diese Krippe mit etwa 9-11 cm hohen Gwercherfiguren. Auch auf einem Stabingerberg in Asch finden sich Figuren von Johann Gwercher sowie Franz Niederwanger. Weiters hat sich der Amraser Josef Mascher unter den Krippenbauern einen Namen gemacht.

23.5 Die Krippenkunst in Nordtirol, unter besonderer Berücksichtigung der Region Jochberg bis Kössen

In der Überlieferung zählt besonders die Jochberger Kirchenkrippe, geschaffen von Matthäus Schiestl (1834-1915), zu den erhalten gebliebenen Werken dieses Künstlers. Der aus geleimtem Tuch und auf Holzstöcken angebrachte Berg sowie eine enggebaute mehrtürmige Stadt über einer Gebirgsgrotte, durch Zäune begrenzt und bekrönt mit Bergspitzen, charakterisieren zusammen mit den aus Meisterhand geschnitzen und gefassten Figuren den Baustil Schiestls. Eine Besonderheit dieser Krippe stellt die Austauschbarkeit des Stalles und des Tempels dar. Folgende Darstellungen lassen sich in der Szenerie erkennen: Geburt, Beschneidung, Königszug, Anbetung der Könige, Darstellung im Tempel, der zwölfjährige Jesus im Tempel und die Hochzeit zu Kana.

Ein Schnitzer aus Hippach im Zillertal schuf im Jahr 1857 die Figur des 12-jährigen Jesu - Kindes. Es lassen sich verschiedene Typen unter den Gesetzeslehrern aus der Szene mit Jesus im Tempel erkennen. Eine Besonderheit ist die figurative Inszenierung der Hochzeit von Kanaan.

In der Stadt Kitzbühel befindet sich eines der herausragendsten Werke Johann Giners d. Ä., nämlich die Kirchenkrippe in Kitzbühel. Auch die Kirchenkrippe in Reith b. Kitzbühel verfügt über Krippenfiguren aus der Hand Johann Giners d. Ä. und hat ihren Ursprung in der selben Zeitspanne, wie jene aus Kitzbühel. Üblich ist in vielen Haushalten die Aufstellung von hauseigenen Krippen während der Weihnachtszeit. Auch die Bemühungen des Kitzbüheler Krippenvereins trugen zu einer Wiederbelebung des Krippenwesens bei. Die in den Privathaushalten aufgestellten Krippen stammen häufig von folgenden bereits Bekanntheit erlangten Namen: Sepp Baumgartner, Otto Moroder, Vinzenz Baldmair, Franz Chr. Erler, Stefan Lanthaler, Johann Kirchmair, Johann Seisl und anderen. Daneben gesellen sich aber auch Arbeiten von heimischen Künstlern, wie Heinrich Zauner, Adalbert Graswander, Josef Haas und Simon Adelsberger sowie weiteren namentlich nicht genannten Künstlern. Einen Stellenwert nimmt die Erber Bauernkrippe ein, die aus der Hand des Vordererber Bauern Josef Haas geschaffen wurde. Bemerkenswert sind bei dieser Kastenkrippe sowohl der Berg wie auch die volkskundlich sehr bedeutsamen Figuren.

23.5.1 Schulkrippenkurse

Die seit mehreren Jahrzehnten bestehenden Schulkrippenbaukurse, hier im Besonderen jene der nunmehrigen Mittelschule 2 in St. Johann i. T., trugen zu einer Verbreitung der Krippenkultur bei.

23.5.2 Kirchenkrippen

Die Kirchdorfer Kirchenkrippe ist mit bekleideten Figuren geschmückt, die aus der Kitzbüheler Pfarrkirche entnommen wurden. Die chronologischen Aufzeichnungen der Kitzbüheler Kirchpropstrechnungen lassen darauf schließen, dass die dortige Weihnachtskrippe von den Kirchdorfer Gemeinde erworben wurde. Ein besonderes Merkmal der verwendeten Figuren sind die Wachsköpfe und geschnitzten Hände, die mehrheitlich noch mit der ursprünglichen Kleidung ausgestattet sind. Es wäre allerdings aufgrund der Abnützungserscheinungen notwendig, diese einer Restaurierung zu unterziehen.

Die Kirchenkrippe in Fieberbrunn ist im Rokoko - Stil gehalten und zeigt hauptsächlich Darstellungen von Hirten, die Huldigung der Könige und die Flucht nach Ägypten. Jene Krippen, die in Privathaushalten aufgestellt sind, weisen geschnitzte oder aus Krippenbögen gefertigte Figuren auf.

Im Gegensatz dazu steht in der Hochfilzener Kirche eine bis ins 19. Jahrhundert zurückdatierende Krippe, die von einer Baronin aus Ungarn zur Verfügung gestellt wurde. Manche der Figuren sind in ungarischer Tracht gekleidet.

In Waidring wiederum ist in der dortigen Kirche eine Kastenkrippe mit geschnitzten Figuren und einer Hintergrundmalerei, welche die Ansicht von Waidring zeigt, aufgestellt. Eine Restaurierung dieser Krippe fand im Jahr 1982 statt.

Seit 1915 verfügt Schwendt über eine eigene Kirchenkrippe, deren Figuren vermutlich von einem Lehrer aus Fieberbrunn geschnitzt wurden. Die ca. 100 im Dorf anzutreffenden Krippen sind zumeist mit geschnitzten Figuren ausgestattet, eine davon gehört zu einer alten Hofkrippe.

Von besonderem Prunk sind die in Gold gefassten Figuren der Kössener Pfarrkirche, die im bis 18. Jahrhundert zurückreichen. Hier wurde auf einen gemalten Hintergrund verzichtet und stattdessen eine barocke Holztafel angebracht.

23.6 Krippenarten

Foto: Sabine Dichatschek

Foto: Herbert Jenewein

Foto: Christine Koidl

Literaturhinweise / Krippenkunde

Bergdolt Kl. (2021): Die Weihnachtskrippe - Kunst und Theologie, Salzburg

Brandstätter P. (1973): Katalog zur Krippenausstellung und Weihnachtsbriefmarkenschau

Ebner L. (1981): Kartitsch in Osttirol, Kartitsch

Egg E.- Ammann G. (1980): Barock in Innsbruck, Innsbruck 1980 Nr. 518

Egg E.- Menardi H. (1996/ 2004): Das Tiroler Krippenbuch. Die Krippe von den Anfängen bis zu Gegenwart, Innsbruck

Grasser K. (1979): Werkkatalog - Ein Teil meines Lebenswerkes, Bozen

Gritsch B. (1948): Tiroler Heimatblätter 1948, 29

Gurschler S. - Knapp H. - Penz H. (2016): Weihnachtskrippen bauen. Mit ausführlicher Anleitung zum Hintergrundmalen, Innsbruck - Wien

Hochenegg H. (1965): Entstehung und Untergang einer großen Kirchenkrippe, KF 1965/ 190, 727-729

Hofer H. - Seewald Fr. (2023): Tiroler Krippenschätze, Weißenhorn - Mediathek < 🌐 https://www.mundetv.at/beitrag/tiroler-krippenschaetze/ (17.12.2023)

Hutter E. (2022): Krippenkunst in Salzburg, Salzburg

Kriss - Rettenbeck L. (1967): Anmerkungen zur neueren Krippenliteratur, in: Bayerisches Jahrbuch für Volkskunde, 1966/67, Volkach vor Würzburg 1967, 9

Kollreider F. (1959): Zwei Krippen um Martin Knoller, KF 1959/166

Kollreider F. (1957): Krippenpflege im osttirolischen Pustertale, KF 1957/158

Maister K. (1926): Osttiroler Kirchenkrippen, in: Osttiroler Heimatblätter, Heft 1-2, Lienz

Mayr H. (2012): Krippenfiguren schnitzen, Wattens

Menardi H. (1983): Das Fenster Nr. 33, 3282-3287

Plattner F. (1950): KF 1950/128, 8

Reicheneder K.H. (2021): Krippen zum Selbstbauen. Von alpenländisch bis orientalisch, Gerlingen

Reider S. (1947): Krippenkunst und Krippenliebe, Brixen

Reinalter G. (2020): Die schönsten Krippen bauen. Das umfassende Handbuch, Innsbruck

Ringler J. (1969): Alte Tiroler Weihnachtskrippen, Innsbruck - München

Ringler J. (1973): Die barocke Tafelmalerei in Tirol, Innsbruck - München

Riolini P. (1999): Krippen schauen - Krippen bauen: Vorbilder - Bauanleitungen - Pläne, Augsburg

Rupert M. (1978): Zur Geschichte der Weihnachtskrippe in den Kirchen der Stadt Kitzbühel, KF 1978/242

Schneider M. (1985): Bemerkungen zu den Ringelstöcken der Hirten in Tiroler Weihnachtskrippen, Innsbruck, 1534-1536

Schrettl P. (2005): Alpenländische Weihnachtskrippen selber bauen: Mit genauen Planzeichnungen, München

Weber Fr. (2008): "Ich steh an deiner Krippe hier" - Krippentheologie, in: Internationale Zeitschrift für die Praxis der Kirche - Diakonia 39/ 2008, 411-416

Weinold L. (1964): Weihnachtskrippen in den Kirchen des Tiroler Anteiles der Erzdiözese Salzburg, KF 1964/185

Weismantel L. (1930): Buch der Krippen, Augsburg (Antiquariat)

Wolfsgruber K. (1965): Die alte Aufstellung der Nisslkrippe, in: Der Schlern, Bozen 1965, 493-496

Teil IV Protestantismus

Ein Blick in die Geschichte weist auch auf erzwungenen Auswanderungen aus religiösen Gründen hin, die für die sozio - kulturell - religiöse Bewegungen und Phänomene von Migration und Flucht bedeutungsvoll sind.

24 Die Hutterer

Jakob Huter, geboren um 1500 im Weiler Moos bei St. Lorenzen im Pustertal, lernte das Hutmachergewerbe und ging auf Wanderschaft. In dieser Zeit setzte er sich mit den Lehren der Wiedertäufer auseinander.

Die Lehren Martin Luthers fanden Gefallen. Bezweifelt wurden die Priesterhierarchie, kirchliche und staatliche Autorität und die Kindertaufe. Grundsatz war für das Zusammenleben die Heilige Schrift.

Im Sinne des allgemeine Priestertums brauchte es Verkünder der Lehre, gewählt im Sinne des Urchristentums.

Die Gütergemeinschaft entstand als Reaktion auf den Frühkapitalismus.

24.1 Flucht - Verfolgung

In der Folge kam es zur Flucht zahlreicher Anhänger mit Jakob Huter nach Südmähren mit der Errichtung von Bruderhöfen. 1529 kam es zur Gründung einer Tiroler Täufergemeinde in Austerlitz. Ab 1529 sind fast 6000 Hutterer sind aus Tirol ausgewandert.

Eine radikale Ausrichtung ähnlich Thomas Müntzer fand in Tirol keine Anhänger.

1533 wurde Jakob Huter Oberhaupt der Gemeinschaft auch der Anhänger in Süd- und Mitteldeutschland. Kurz danach wurde auch in Mähren das Leben gefährlich, Verfolgungen begannen und Fluchten folgten.

1535 wurde Jakob Huter in Klausen verhaftet, in Innsbruck im Kräuterturm eingesperrt und am 25. Februar 1536 vor dem Goldenen Dachl vor einer großen Menge am Scheiterhaufen verbrannt. In Tirol dürften über 600 Hutterer hingerichtet worden sein.

Seit dem Tod Jakob Huters nannten sich die Wiedertäufer "Huterische Brüder". Nach einer Blütezeit in Mähren gab es wieder Anzeichen einer Verfolgung. 1621/1622 wurden die Hutterer aus Mähren verjagt. Viele zogen in die Slowakei, nach Ungarn und Transsilvanien. Ab Mitte dem 18. Jahrhundert erfolgten durch Jesuiten Zwangstaufen, Fluchtbewegungen folgten in die Walachei.

24.2 Auswanderung

Zarin Katharina II. lud die Heimatlosen in ihr Reich ein, wo sie mit den Mennoniten an der Desna (1770 - 1842) und auf der Krim (1842 - 1873) Gemeinden gründeten. Unter Zar Alexander II. begannen wieder Verfolgungen.

1874 kam es zur Einwanderung nach Kanada und in die USA. Heute gibt es 219 Gemeinden, in Manitoba 72, British Columbia 1, in Alberta/ Rocky Mountains 107 und Saskatchewan 39. Von Kanada wanderten viele in die USA aus.

Mit dem Schiff "Harmonia" erreichten 1874 113 Hutterer die USA. In der Folge siedelten sich viele in den Jahren in South-Dakota, North-Dakota, Missouri, Washington, Montana und Minnesota an. Insgesamt leben in Nordamerika rund 25 000 Hutter, verstreut in über 300 und abgelegenen Siedlungen. Weitere Siedlungen gibt es in England (Sussex), in Villingen (Deutschland) und in Japan/ "Owa - Gemeinde".

24.3 Gemeindeleben

Die Gemeinden haben als Kennzeichen gemeinsamen Besitz (urchristliche Idee), gemeinsames Essen (ohne Vorsteher), Ausrichtung nach der Heiligen Schrift, Kirchensprache Deutsch, kein kirchlicher Prunk und Heiligenverehrung, Andachts- und Schulraum ein Raum im Hauptgebäude.

Der Eintritt in die Gemeinschaft beginnt mit der Taufe, die Entscheidung ist autonom und zumeist zwischen 16 und 20 Jahren.

Traditionell ist die Kleidung für Männer schwarze Hose und Jacke, für Frauen Kopftücher und Mädchen kleine Hauben. TV, Radio und Musikinstrumente sind verpönt. Der Wehrdienst widerspricht dem Glauben, es gibt ein Alkoholverbot.

Der Unterricht ist zweisprachig englisch und deutsch (ein Reflex aus 450 Jahre Wanderungen, Vertreibungen und Migration). Einen besonderen Stellenwert besitzt die religiöse Unterweisung mit Schwerpunkt sozialem Lernen. Noten und Zeugnisse sind nicht üblich.

Zwischen zwei und fünf Jahren besucht das Kind eine Ganztagseinrichtung, nach acht Jahren Schulbesuch ist eine Arbeitsstelle garantiert. Danach sollen mehrere Handwerksberufe erlernt werden, ein Studium ist nicht erlaubt. Der Schulbetrieb hat seine Grundlage in einer Schul - Ordnung aus dem Jahre 1568.

Die Familienstruktur ist sehr stabil. Die Meinung der Alten wird gehört. Die Bruderhöfe sind als eine Erweiterung der Familie zu sehen. Bei Teilung der Brudergemeinschaften, werden Familien nicht zerrissen. Ämter wie Prediger und wichtige Handwerker oder Deutschlehrer werden gewählt. Die Kinderzahl ist groß.

In Tirol konnten die Hutterer ihren Glauben nicht in das 20. Jahrhundert retten. Verfolgung, Vertreibung, Auswanderung, Todesstrafen und die Gegenreformation waren ausschlaggebend. Dies gehört zu den dunklen Seiten der Geschichte des Landes.

25 Deferegger Protestanten

Viele Einwohner suchten ihr Glück im Wandergewerbe. Die herumziehenden Handwerker, Händler und auch Bergknappen verbreiteten die Lehren Luthers in den Tälern.

Viele Deferegger mussten ihre Heimat verlassen ("Wessen das Land ist, dessen ist die Religion"). Vor 1685 lebten ungefähr 3000 Einwohner im Tal.

Bis 1720 wurde rund ein Drittel des Tales ausgewiesen, St. Veit hatte die Hälfte seiner Bewohner verloren.

Von Interesse in der Schulgeschichte ist, dass vor über 300 Jahren ein Großteil der Bewohner mit Hilfe der Lutherbibel das Schreiben und das Lesen erlernten. Durch das Ausweisen wurde die Motivation für das schulische Geschehen stark beeinträchtigt.

26 Zillertaler Inklinanten

Protestantismus am Beginn der Reformation kommt in das Zillertal mit den Bergknappen in Schwaz und Wanderhändlern, die in das Tal kommen.

Im Unterinntal wird 1521 schon in Hall ein Prediger beurkundet.

Die Forderung nach Gerechtigkeit, getragen vom religiösen Engagement, beginnt mit dem Bewusstsein der Ausbeutung weiter Bevölkerungsteile durch den Niedergang des Bergbaues und der Bauernaufstände. Nach einer Verbreitung im Untergrund, in der Folge offenen Bekenntnisses, lehnte man sich gegen die Obrigkeit und damit katholische Kirche auf.

Die Reaktion auf die Reformation und Bauernaufstände war die sogenannte Gegenreformation.

27 Schlussbemerkung

Noch 1866 hat der Tiroler Landtag ein Gesetz beschlossen, dass die Errichtung einer Evangelischen Kirchengemeinde an die Zustimmung der Behörden bindet. 1875 wurde das Landesgesetz von der kaiserlichen Regierung für ungültig erklärt. 94 Jahre hat es gedauert, bis das Toleranzpatent Joseph II. in Tirol politisch durchsetzbar war.

1987 wurde am Dorfplatz in Stumm Felix Mitterers Stück "Verlorene Heimat" in Anwesenheit von Nachfahren von Auswanderern gespielt.

28 Minderheit in Tirol - Protestanten

Das Aufkommen von Reformation und Protestantismus in Tirol war keine ruhige Angelegenheit. Im Gegenteil, die reformatorischen Ideen regten sich sofort und unmittelbar nach dem Öffentlichwerden von Luthers Kirchenkritik, sie äußerten sich zugleich mit dem Erscheinen seiner und der anderen Reformatoren Hauptschriften, die damals Mitteleuropa mit ihren Reformideen lawinenartig überschwemmten. Selbst im europäischen Vergleich traten die reformatorischen Gedanken sehr früh und mit besonderer Heftigkeit auf.

Es ist zwar kaum einer breiten Öffentlichkeit bekannt. Tirol stellt darin eines der interessantesten Gebiete der frühen Reformation im damaligen Europa dar.

Bei aller Frömmigkeit gab es in der Kirche strukturelle Schwächen. Zahlreiche Klagen belegten dies. Die Kirche als Mittlerin des Heils war unglaubwürdig geworden. Ablasswesen, Reliquienkult, Dispens, Privilegien und Wallfahrten ließen Gläubige Missstände im Klerus erleben. Zuverdienste waren Geistlichen oftmals wichtiger als seelsorgerliches Wirken ("Mehr Wirt als Hirt"). Es entstand ein Hass auf den Klerus.

29 Evangelische Bewegung im 16. Jahrhundert - Täufertum

Es überrascht keineswegs, dass vor diesem Hintergrund der erste reformatorische Prediger von Hall Jakob Strauß 1522 großes Aufsehen verursachte und Zulauf gewann. Strauß war kein Einzelfall. Luthers Reformvorschläge Vorschläge waren mit den Gedanken des allgemeinen Priestertums (Gleichberechtigung im geistlichen Sinne und Selbstregelung kirchlicher Angelegenheiten) und der Außerkraftsetzung der Leistungsfrömmigkeit (Gnade als Geschenk Gottes ohne Bezahlung) in Verbindung mit einem kirchenkritischen Biblizismus attraktiv geworden.

Es entstand in Tirol - insbesondere in den internationalen Zentren des Bergbaues - Schwaz, Hall und Rattenberg - spontan eine evangelische Bewegung von unten aus der Bevölkerung heraus. Allerdings wurden im Unterschied zu anderen österreichischen Ländern diese reformatorischen Aktivitäten von Beginn an entschlossen bekämpft.

"Tirol war als Zentrum des Bergbaues aus finanzpolitischen Gründen so wichtig, dass jede Regelung in den dem Landesherren unterstehenden Städten unterdrückt wurde.

Auf Grund der repressiven Maßnahmen darf man vermuten, dass der radikale Flügel der Reformation in Tirol gestärkt wurde. In diesem Umfeld einer sozial und religiös aufständischen Bewegung, in Verbindung mit Bauernaufständen, entstand die Täuferbewegung. Die abgeschlossenen Täler waren ein europäisches Zentrum von Täufern, wobei das Tiroler Täufertum eine pazifistische Haltung einnahm. Hunderte männliche und weibliche Täufer wurden grausam verfolgt -verbrannt, gehenkt, enthauptet und ertränkt. Es gab Massenhinrichtungen. Ergreifende Geschichten solcher Hinrichtungen sind dokumentiert.

Heimliche Auswanderungen bis nach Mähren in die Nähe von Nikolsburg begannen. Der Pustertaler Jakob Huter ("Hutter") wurde Führer jener Gruppe, die später als Hutterer bezeichnet wurden. Bei seiner Rückkehr in die Heimat wurde Huter festgenommen und 1536 in Innsbruck verbrannt. Über Zwischenstationen in Siebenbürgen, der Walachei und der Ukraine kamen die Hutterer 1874 bis nach Amerika ("Hutterian Brethern Church"). In South Dakota gründete man den ersten "Bruderhof". Diese "Brüderhöfe" - Zeichen für eine erfolgreiche wirtschaftliche Gütergemeinschaft - mit Abgrenzungen zu bestehenden Gemeinschaft, bestehen heute noch. Manche Bewohner sprechen neben Englisch noch jetzt ein altertümliches Deutsch mit Tiroler und Kärntner Einschlag.

30 Geheimprotestantismus

Wie man heute weiß, wurde kein Lutheraner in Tirol aus Glaubensgründen hingerichtet. Nur ein kleiner Teil schloss sich der Täuferbewegung an. Das Schicksal von Jakob Stainer, dem berühmten Geigenbauer aus Absam, ist ein typisches Beispiel hierfür. Als Anhänger Luthers geriet er in Konflikt mit der katholischen Kirche, die ihn nach einem kostspieligen Prozess über sechs Monate einsperrte.

1549 hört man von Klagen, dass in Gehöften und Häusern zur Zeit der katholischen Sonntagsmesse evangelische Gottesdienste bzw. Andachten vom Hausvater der Familie mit dem Gesinde bzw. den Nachbarn mit Bibelauslegung, Gebet und Liedern gehalten wurden. In Wohnstuben wurde ein Tisch als Altar aufgestellt. Im Gegensatz zu Oberösterreich, Niederösterreich, der Steiermark und Kärnten - wo der Protestantismus legitimiert wurde - gab es in Tirol keine Kirchenorganisation und Prediger, so dass man hier von einem Laienchristentum sprechen kann.

Es ist der evangelischen Geschichtsschreibung kaum bzw. gar nicht bewusst, dass zuerst in Tirol (und dann in Salzburg) auf diese Weise schon sehr früh das bemerkenswerte kirchengeschichtliche Phänomen des so genannten Geheimprotestantismus entstand. Nicht immer war es so geheim, wie es der Name es suggeriert. Es äußerte sich oft auch als Aufmüpfigkeit, wenn in den Wirtshäusern auf provokante Weise lutherische Schandlieder gesungen wurden (es existierte während der Gegenreformation ein bestimmtes Sortiment an lutherischen Kampfliedern). Bei Vorladungen zeigte sich ein ziviler Ungehorsam, man berief sich auf die Gewissensfreiheit, man müsse Gott mehr gehorchen als den Menschen. Insofern kann man in Tirol auch von einem politischen Protestantismus im 16. Jahrhundert sprechen.

31 Ausweisungen und Emigration

Seit dem Augsburger Religionsfrieden 1555 bestimmte der Landesherr die Konfession in seinem Land (ursprünglich "ubi unus dominus, ibi una sit religio"). Folgte man dieser Regelung nicht, konnte/ musste man auswandern. Gegenüber dem mittelalterlichen Ketzerrecht wurde dies als Fortschritt angesehen, zumal man mit Vermögen und in Ehren das Land verlassen konnte. Dieses Recht gilt als Grundrecht von Untertanen in Europa.

Für Tirol gilt, dass bis zu Beginn des 17. Jahrhunderts evangelisches Leben noch nachzuweisen ist. Zwei Ausnahmen, die allerdings damals teilweise zu Salzburg gehörten, bilden das Defereggen- und das Zillertal. Auf der Grundlage des Augsburger Religionsfriedens 1555 und der Bestimmungen des Westfälischen Friedens 1648 wurden evangelische Defereger ab 1684 ausgewiesen. Mit der Missionierung durch Kapuzinerpatres begann sich die Situation in Form von antiklerikalen Aktionen zu verschärfen. Bei der Auseisung durch den Salzburger Erzbischof Max Gandolf von Kuenberg kam es zur Verletzung der Durchführungsbestimmungen. Es wurden keine Dreijahresfrist zur Vorbereitung der Emigration eingehalten, vielmehr mussten 621 Personen um Neujahr innerhalb weniger Wochen das Tal verlassen. Das Corpus Evangelicorum in Regenburg zur Einhaltung der Reichsverfassung wurde zu spät informiert, womit nur eine bruchstückhafte Wiedergutmachung der Bestimmungen möglich wurde.

Die Ausweisung evangelischer Zillertaler 1837 steht in Verbindung mit der Rechtsgültigkeit des Toleranzpatents von 1781, das für Tirol auch galt. Als nämlich 1826 drei evangelische Hippacher aus der katholischen Kirche austraten, kam eine Austrittsbewegung mit letztlich 427 Personen in Gang. Der Tiroler Landtag stimmte mehrheitlich für konfessionelle Einheit des Landes. Die letzte Entscheidung hatte Kaiser Ferdinand, der die Ausweisung trotz Gültigkeit des Toleranzpatents verfügte, die internationales Aufsehen erregte.

Nach dem Bekenntnis zur freien Religionsausübung in der Unabhängigkeitserklärung der USA (1776) und der Französischen Revolution (1789) war das Toleranzpatent 1781 mit Einschränkungen versehen, wodurch Ideen der Aufklärung - religiöse Toleranz und Gleichberechtigung - unterlaufen wurden und die Ausweisungen ein unzeitgemäßes Relikt und als solches ein Spezifikum der Tiroler Geschichte darstellten.

32 Protestantenpatent 1861

Damit war in Tirol keineswegs die Gründung einer evangelischen Gemeinde möglich. Meran als Kurort hatte zwar gleich einen Betsaal für die vielen evangelischen Gäste eingerichtet, eine Gründung einer Pfarrgemeinde war dies nicht. Die Mehrheit des Tiroler Landtages beschloss in der Folge ein Gesetz, wonach die Bildung einer evangelischen Gemeinde verboten sei. Wien bestätigte dieses Gesetz nicht. 1863 verabschiedete der Landtag daraufhin ein Gesetz über die Zulassung einer privaten Religionsausübung.

Für diese politische Bewegung sprach der Brixner Fürstbischof Vinzenz Gasser von der Einheit des Glaubens als kostbarem Edelstein im Ehrenkranz Tirols. Die gesteigerte Frömmigkeit in Europa zeigte sich in Tirol im Herz - Jesu - Kult. Der gefühlsmäßige Widerstand gegen evangelische Gemeindegründungen hat hier seine Wurzeln.

Einer der Wortführer einer liberalen Gruppe in Tirol war der Jenbacher Gastwirt und Arzt Norbert Pfretschner, der als Reichstagsabgeordneter noch in seiner Jugend die Ausweisung der Zillertaler erlebt hatte. Demonstrativ gab er seinem Gasthaus den Namen "Zur Toleranz".

Die Reichsverfassung 1867 brachte erst einen Durchbruch mit den Gemeindegründungen 1876 von Meran und Innsbruck, den ersten öffentlich anerkannten evangelischen Pfarrgemeinden in der Geschichte Tirols. Mit dem Verlust der Glaubenseinheit des Landes reichte auch Fürstbischof Vinzenz Gasser seinen Rücktritt bei Papst Pius IX. ein, der ihn jedoch zum Weitermachen ermunterte, da in Rom sich inzwischen auch eine evangelische Gemeinde konstituiert hatte. 1883 war es auch im Tiroler Landtag nicht mehr möglich, das Protestantenpatent zu kippen.

33 Protestantismus um die Jahrhundertwende

In Kärnten, der Steiermark, Oberösterreich und dem Burgenland entwickelten sich aus evangelischer Tradition heraus Toleranzgemeinden. In Tirol gab es keine bodenständigen evangelischen Christen mehr, vielmehr handelte es sich um größtenteils Zugezogene Beamte, Armeeangehörige und Wirtschaftstreibende. Vor allem gab es kein evangelisches Leben, wie es etwa in den bäuerlich sozialisierten Toleranzgemeinden der Fall war.

Protestantismus stellt sich als moderne attraktive Alternative - im Hinblick auf das Mutterland der Reformation - dar. Gegner des politischen Katholizismus suchten naturgemäß hier eine Heimat, es kam - wie am Beispiel Innsbrucks zu beobachten ist - zu vielen Übertritten.

Um die Jahrhundertwende kam es zur "Los - von - Rom - Bewegung", die sich weniger in Über- als in Austritten zeigte. Die evangelische Glaubensbewegung in Tirol lief Gefahr, in das deutsch - nationale Eck gedrängt zu werden. Die Bewegung selbst hat im Land kaum Niederschlag gefunden. Zumeist aus Deutschland kommende Pfarrer versuchten allerdings bewusst, evangelische Mission im katholischen Österreich zu betreiben. Ein überaus kämpferischer geistlicher Amtsträger war in Innsbruck Ludwig Mahnert, wobei er ab 1923 in der Konfliktsituation der Ersten Republik deutsch -nationales Gedankengut verbreitete und letztlich auch die Gemeinde in den Umkreis illegalen Nationalsozialismus brachte.

Teil V Weihnachtstourismus

Wenn man über Weihnachts - Tourismus spricht, haben die meisten Menschen Schnee verhangene Tannenbäume, Berggipfel und Skifahrer im Kopf. Ist der Weihnachtstourismus in Europa ein ausschließliches Produkt für die Skiregionen oder gibt es noch einen ganz anderen Reise Trend?

Im Städtetourismus ist auffällig, dass nach dem Haupt - Buchungszeitraum die „Weihnachtssaison" für die Hotels nach Heiligabend beginnt und kurz nach Silvester auch schon wieder vorbei ist. In der Para - Hotellerie - der Ferienwohnungen, Appartements - sieht das anders aus. Hier beginnt die Saison bereits schon um den 21.12. Und entweder findet „zwischen den Jahren" noch ein kurzer Bettenwechsel statt oder die Gäste bleiben direkt gleich bis nach Silvester.

Den selben Trend erkennen wir auch in fast allen Winter - Feriengebieten. So stellt sich die Frage: Ist Weihnachten (Heiligabend) tatsächlich noch Hochsaison für die Hotelbetriebe oder startet die Saison nicht eigentlich erst mit dem 25. oder 26. Dezember. Gleichzeitig zeigt sich sehr deutlich, dass der Trend über die Weihnachtstage sehr stark in Richtung Para - Hotellerie geht.

So sind in vielen Feriengebieten Ferienwohnungen, Ferienhäuser oder auch Chalets restlos ausverkauft. Wohingegen Hotelbetriebe nach wie vor deutliche Verfügbarkeiten aufzeigen. Ganz besonderes Augenmerk liegt dieses Jahr auf Silvester und Neujahr, wo wir zum ersten Mal um diese Jahreszeit noch viele Verfügbarkeiten in den Hotels erkennen.

Hier hat man in den vergangenen Monaten feststellen müssen, dass die Vorbuchungszeiträume sich weiter dramatisch verkürzt haben. Vor der Corona - Pandemie war es in der Regel deutlich früher im Jahr nicht mehr möglich über Weihnachten oder zwischen den Jahren Verfügbarkeiten buchen zu können, und zwar übergreifend über alle Kategorien hinweg.

Zum Autor

APS - Lehramt (VS - HS - PL 1970, 1975, 1976), zertifizierter Schülerberater (1975) und Schulentwicklungsberater (1999), Mitglied der Lehramtsprüfungskommission für die APS beim Landesschulrat für Tirol (1993-2002).

Absolvent Höhere Bundeslehranstalt für alpenländische Landwirtschaft Ursprung - Klessheim/ Reifeprüfung, Maturantenlehrgang der Lehrerbildungsanstalt Innsbruck/ Reifeprüfung - Studium Erziehungswissenschaft/ Universität Innsbruck/ Doktorat (1985), 1. Lehrgang Ökumene - Kardinal König Akademie/ Wien/ Zertifizierung (2006); 10. Universitätslehrgang Politische Bildung/ Universität Salzburg - Klagenfurt/ MSc (2008), Weiterbildungsakademie Österreich/ Wien/ Diplome (2010), 6. Universitätslehrgang Interkulturelle Kompetenz/ Universität Salzburg/ Diplom (2012), 4. Interner Lehrgang Hochschuldidaktik/ Universität Salzburg/ Zertifizierung (2016) - Fernstudium Grundkurs Erwachsenenbildung/ Evangelische Arbeitsstelle Fernstudium, Comenius - Institut Münster/ Zertifizierung (2018), Fernstudium Nachhaltige Entwicklung/ Evangelische Arbeitsstelle Fernstudium, Comenius - Institut Münster/ Zertifizierung (2020)

Lehrbeauftragter Institut für Erziehungs- bzw. Bildungswissenschaft/ Universität Wien/ Berufspädagogik - Vorberufliche Bildung VO - SE (1990-2011), Fachbereich Geschichte/ Universität Salzburg/ Lehramt Geschichte - Sozialkunde - Politische Bildung - SE Didaktik der Politischen Bildung (2026-2017).

Mitglied der Bildungskommission der Evangelischen Kirche Österreich (2000-2011), stv. Leiter des Evangelischen Bildungswerks Tirol (2004 - 2009, 2017 – 2019).

Kursleiter der VHSn Salzburg Zell/ See, Saalfelden und Stadt Salzburg/ "Freude an Bildung" - Politische Bildung (2012 - 2019) .